図解 すぐやる人とやれない人の習慣

The Habits of Proactive People & Procrastinators

「すぐやる人」になれば、行動のスピードが早くなる、……だけではない。

小学生のときは、学年で一番肥満児で、まずスポーツがダメ。学年で一番成績が悪く、勉強もダメ。私は劣等感のかたまりでした。高校1年生のとき、全国模試で偏差値30台をとり、ついには新聞沙汰になった事件を起こしてしまいました。警察や裁判所にもお世話になってしまったのです。

「このままではダメだ」

しかし、どうすればいいのかわかりません。苦手なことだらけで、自分に自信なんて持てるはずもありませんでした。

「結果を出す人と、頑張っているのに結果が出ない人、何が違うのだろうか」

悩む日々が続いていました。

そんな私もあるとき、ビジネス書を読んで、気づいたことがあります。それは、**成功している人、生産性の高い人は、「行動が早い」**ということです。

つまり、最初の一歩が違うのです。最初の一歩をいかに早く踏み出すかが、結果を出すための鍵です。行動を早めたことがきっかけになり、私は変われました。

しかし、「実際にすぐに行動に移せないから困っている」という人は、少なくないように思います。

「なぜ、動けないのか?」

いろいろと動けない原因はあるでしょうが、ここで1つの典型例を挙げましょう。

それは、仕事や日常においても、

& Procrastinators

PROLOGUE

はじめに

になれば…

きと過ごせる。

「やる気を出さなきゃいけない」
「根性が足りない」
「みんなも頑張っているから」
という言葉を使って自分を動かそうとしていないだろうか、ということです。
「やらなきゃ」の裏側にあるホンネは「やりたくない」なのです。

大事なことは、「やる」か「やらない」か

では、「すぐやる人」と「やれない人」の決定的な違いはなんでしょう。

気合いや意志力だけで、自分を動かしているのではない、というところです。「すぐやる人」は仕組みで自分を動かしています。

自分が動いてしまう仕組み作りがうまいのです。

私が考える、すぐやる方程式は、**意志×環境×感情**です。もちろん、意志力を鍛えることも大事ですが、それだけでは動けないのが人間です。

だから、**すぐやってしまう環境を作り、すぐやるための感情を作り出すことが大切になります。**

大事なことは、意志力ではなく、「やるか、やらないか」だけなのです。

皆さんも、もし自分の意志の弱さを嘆いているとしたならば、本書を読むことでその考えを180度変えることができるはずです。

「すぐやる」ことは、自分の人生をコントロールしている感覚を取り戻す最強のメソッドです。

すぐやる習慣を身につけることで、見違えるほど、毎日をいきいきと過ごすことができるようになると今なら言えます。

行動すること、それはあなたの人生に輝きを与えてくれる唯一の方法です。

何も難しく考える必要はありませんし、本書で紹介している習慣のすべてを理解し、すべてを実行する必要もありません。できそうなものからどんどんチャレンジしてみることで、行動することが楽しくて仕方なくなり、毎日がもっともっと充実したものになるに違いありません。

The Habits of Proactive Pec

すぐやる人

毎日をいきい

図解

The Habits of Proactive People & Procrastinators

すぐやる人とやれない人の習慣 CONTENTS

●はじめに
「すぐやる人」になれば…毎日をいきいきと過ごせる。 …… 2

CHAPTER 01 思考編

01 すぐやる人は ラクに自分を動かす。 やれない人は 無理やり自分を動かす。 …… 8
02 すぐやる人は HKTをうまく味方につける。 やれない人は 追い込みすぎてしまう。 …… 10
03 すぐやる人は ツーウェイ思考。 やれない人は ノーウェイ思考。 …… 12
04 すぐやる人は 9000回の負けを知る。 やれない人は 全勝を目指す。 …… 14
05 すぐやる人は 目の前のことに集中する。 やれない人は 結果ばかりを気にする。 …… 16
CHAPTER 01／復習問題 …… 18

CHAPTER 02 自分を動かす編

06 すぐやる人は 環境で自分を動かす。 やれない人は 誘惑に負けてしまう。 …… 20
07 すぐやる人は 小さな石を動かそうとする。 やれない人は 大きな石を動かそうとする。 …… 22
08 すぐやる人は 自分ともアポをとる。 やれない人は 他人とだけアポをとる。 …… 24
09 すぐやる人は ダッシュキノコを食べる。 やれない人は 疲れた脳で午後を過ごす。 …… 26
10 すぐやる人は まず1センチだけかじる。 やれない人は あとで全部食べようとする。 …… 28
11 すぐやる人は 毎日カバンを空っぽにする。 やれない人は 荷物を入れっぱなしにする。 …… 30
CHAPTER 02／復習問題 …… 32

CHAPTER 03 周囲を動かす編

12 すぐやる人は 人を楽しませる。 ……34
やれない人は 正論を押しつける。

13 すぐやる人は 選択肢を3つ用意する。 ……36
やれない人は 自由選択式。

14 すぐやる人は 質問で前向きになる。 ……38
やれない人は 質問でやる気を失う。

15 すぐやる人は ライバルを応援する。 ……40
やれない人は 相手の失敗を喜ぶ。

16 すぐやる人は 期限を自分で決める。 ……42
やれない人は 期限を守ろうとする。

CHAPTER 03／復習問題 ……44

CHAPTER 04 感情マネジメント編

17 すぐやる人は 感情をうまく吐き出す。 ……46
やれない人は 感情を溜め込む。

18 すぐやる人は 儀式でスイッチを入れる。 ……48
やれない人は サザエさん症候群。

19 すぐやる人は 物語を読む。 ……50
やれない人は 映像に頼る。

20 すぐやる人は 根拠なき自信を持つ。 ……52
やれない人は 自分を否定する。

21 すぐやる人は 言葉の力を信じる。 ……54
やれない人は 言葉をおろそかにする。

CHAPTER 04／復習問題 ……56

CHAPTER 05 体調管理編

22 すぐやる人は 積極的な休みを楽しむ。 ……58
やれない人は 休養で疲労を溜める。

23 すぐやる人は 朝を大切にする。 ……60
やれない人は 夜が遅い。

24 すぐやる人は 腹八分目まで食べる。 ……62
やれない人は 満腹になるまで食べる。

25 すぐやる人は 戦略的に睡眠を活用する。 ……64
やれない人は なんとなく睡眠をとる。

26 すぐやる人は 姿勢が良い。 やれない人は 背中が丸い。 ……66

CHAPTER 05／復習問題 ……68

CHAPTER 06 時間・目標管理編

27 すぐやる人は 数字のある目標を決める。 やれない人は なんとなく流されてしまう。 ……70

28 すぐやる人は beとdoを意識する。 やれない人は 目標だけを追いかける。 ……72

29 すぐやる人は 優先順位で仕事を進める。 やれない人は マルチタスクでパンク寸前。 ……74

30 すぐやる人は 積極的にオフラインになる。 やれない人は いつもオンライン。 ……76

31 すぐやる人は サティスファイサー。 やれない人は マキシマイザー。 ……78

32 すぐやる人は やらない基準が明確。 やれない人は いやいや引き受ける。 ……80

CHAPTER 06／復習問題 ……82

CHAPTER 07 行動編

33 すぐやる人は マネをいとわない。 やれない人は オリジナルにこだわる。 ……84

34 すぐやる人は 記録を大切にする。 やれない人は 記憶に頼る。 ……86

35 すぐやる人は アウトプットで頭を磨く。 やれない人は インプットマニア。 ……88

36 すぐやる人は 復習で記憶を味方につける。 やれない人は 超人的な記憶に挑む。 ……90

37 すぐやる人は 定期的にアップデートする。 やれない人は 時の流れに不満を言う。 ……92

CHAPTER 07／復習問題 ……94

●おわりに
その小さな小さな一歩が、あなたの人生に大きな変化をもたらす。 ……95

●カバーデザイン／小野光一＆本田葵（OAK）
●本文デザイン・DTP／斎藤 充（クロロス）
●編集協力／藤吉 豊（クロロス）、岸並 徹、斎藤菜穂子

CHAPTER
01

「すぐやる人」と「やれない人」の習慣

思考編

The Habits of Proactive People & Procrastinators

01

すぐやる人は ラクに自分を動かす。

やれない人は 無理やり自分を動かす。

無理に自分を動かそうとしても苦しいだけ

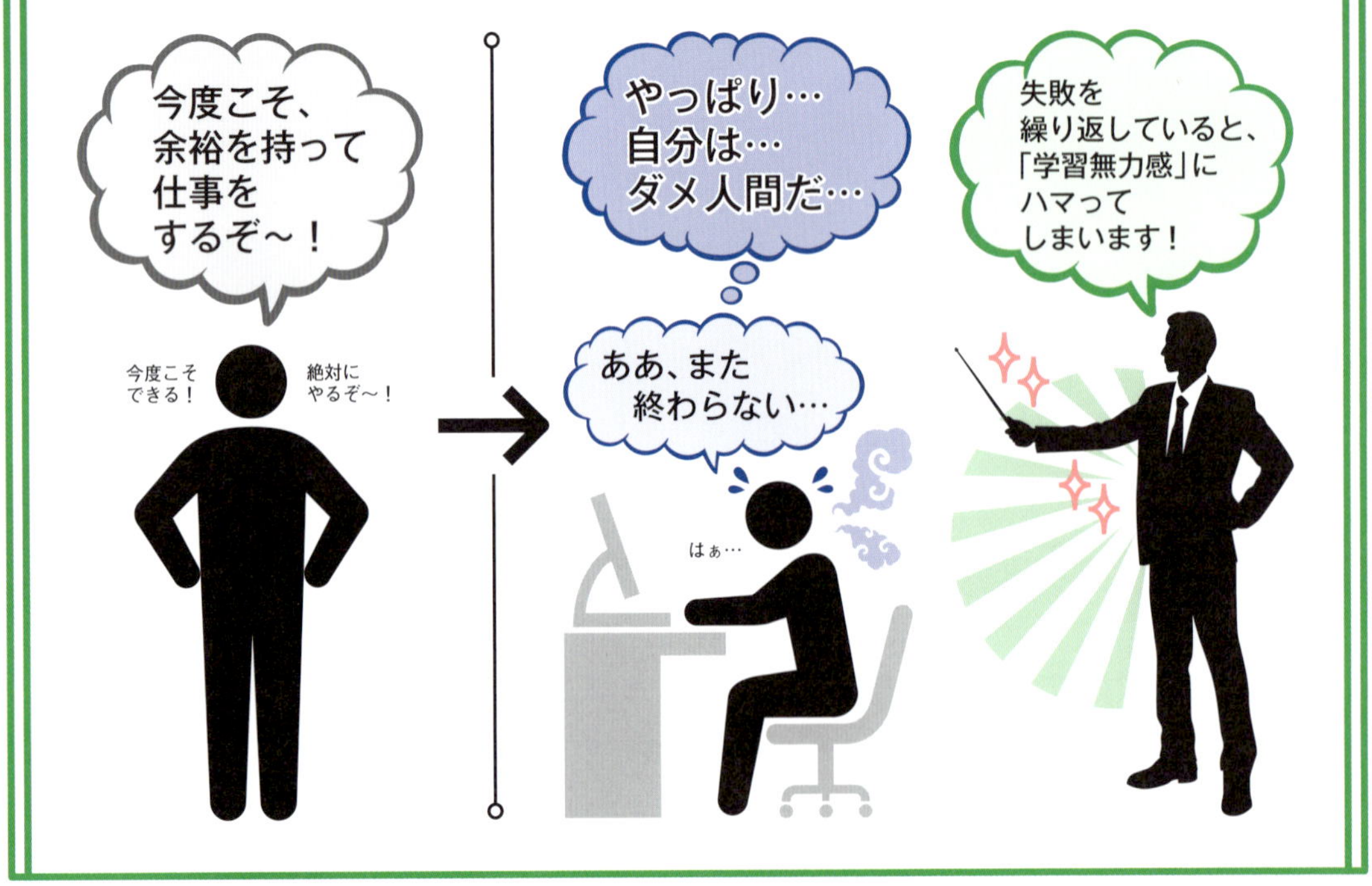
今度こそ、
余裕を持って
仕事を
するぞ～！
今度こそ
できる！
絶対に
やるぞ～！
やっぱり…
自分は…
ダメ人間だ…
ああ、また
終わらない…
はぁ…
失敗を
繰り返していると、
「学習無力感」に
ハマって
しまいます！

ラクをして楽しい人生を送りたいと思うのは当然のこと

人は苦しいことが嫌いです。面倒なことも当然嫌いです。

これは自然なことであって、その気持ちを否定する必要はない、と理解してください。

その一方で、私たちは向上心を持っています。

より良い人生を送るためには、頑張らなきゃいけないと思っていませんか？

「すべての成功の鍵は行動だ」

これはピカソの名言です。やはりいつの時代も、成功の鍵は行動でしかありません。**アクションを起こさずして、より良い人生は手に入らない**ものです。

「すぐやる人」と「やれない人」の習慣の違い

「すぐやる人」は自分を無理に動かそうとはしません。むしろ、どうすればラクに自分を動かすこと

ができるのかを知っています。

一方で「やれない人」というのは、無理に自分を動かそうとして、失敗してしまいます。

無理に自分を動かそうとすると、どうしても苦しいのです。

今度こそ余裕を持って仕事を終わらせようと思ったけれど、結局徹夜でギリギリ終わらせた……。

このようなことを繰り返していると、「やっぱり自分はダメ人間だ」ということが自分の中に染みついてしまうようになります。こうして、心理学で言う「学習性無力感」にハマってしまうのです。

すると、ますます行動ができなくなってしまい、ピカソの言う「成功の鍵」を諦めてしまうのです。

しかし、人は変わることができます。もしあなたが、自分を変えたいと思うのならば、知っておいて欲しい事実があります。

それは、**無理に自分を動かそうとすればするほど、蟻地獄のようなワナにハマっていってしまう**ということです。

一方、「すぐやる人」は自分を動かす勝ちパターンを持っています。無理に自分を動かさなければならないという固定観念を捨て、自分が行動してしまう習慣を身につけることに集中しましょう。

必見！お役立ち COLUMN

落ちこぼれだった私も変わることができた！

かつての私も「学習性無力感」でした。小学生のときから勉強もスポーツも苦手。高校1年生のときの全国模試は偏差値30台。全国紙に掲載されてしまうほどの事件も起こしてしまうような、落ちこぼれでした。

まさに「自分はダメ人間で、何をやってもムダだ」としか感じることができなかったのです。しかし、そんな私でも同志社大学に現役合格し、ケンブリッジ大学に留学できたのです！

すぐやる人は、ラクに自分を動かす仕組みを作る

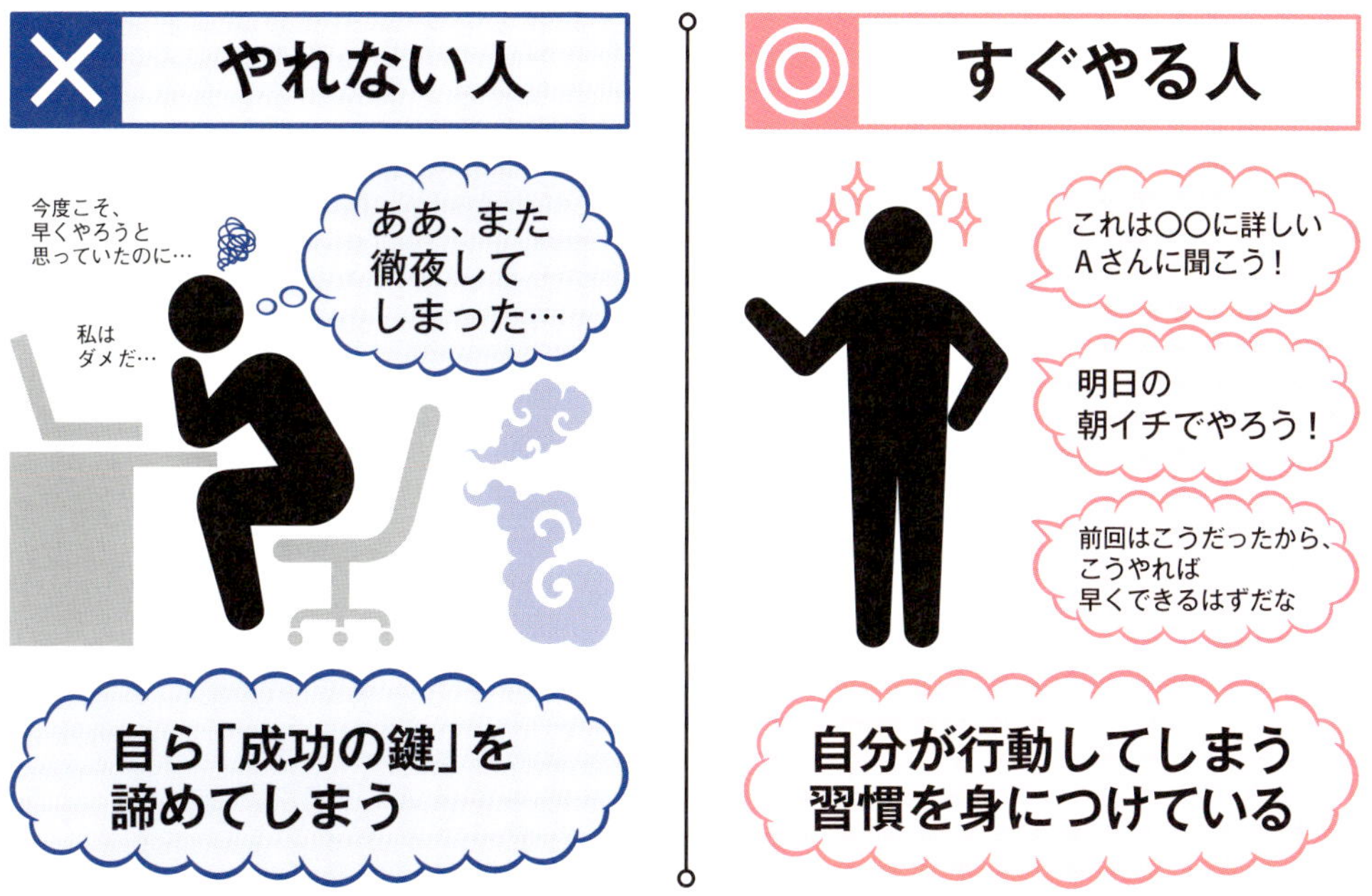

02

すぐやる人は HKTをうまく味方につける。

やれない人は 追い込みすぎてしまう。

自力だけで頑張るのではなく、仕組みで自分を動かす

行動を妨げるものの1つに、自力本願があります。精神論で自力本願になりすぎると、かえって行動ができなくなるのです。

それより、**仕組みで自分を動かすほうがよほどラク**です。仕組みで自分を動かすには、自分の持つ資源の活用がカギとなります。

まず、自分を動かす仕組みを構築するためには、行動に具体性を持たせなければなりません。

だから、行動を起こす前に少し、**H（ヒト）、K（カネ）、T（タイム）**について考えてみるのです。

貴重な資源をうまく活用して行動する仕組みを作る

まず、**「すぐやる人」はヒトをうまく巻き込みます。**

たとえば、習い事を始めようと思ったら、同じ習い事をしている人にアドバイスを求めます。

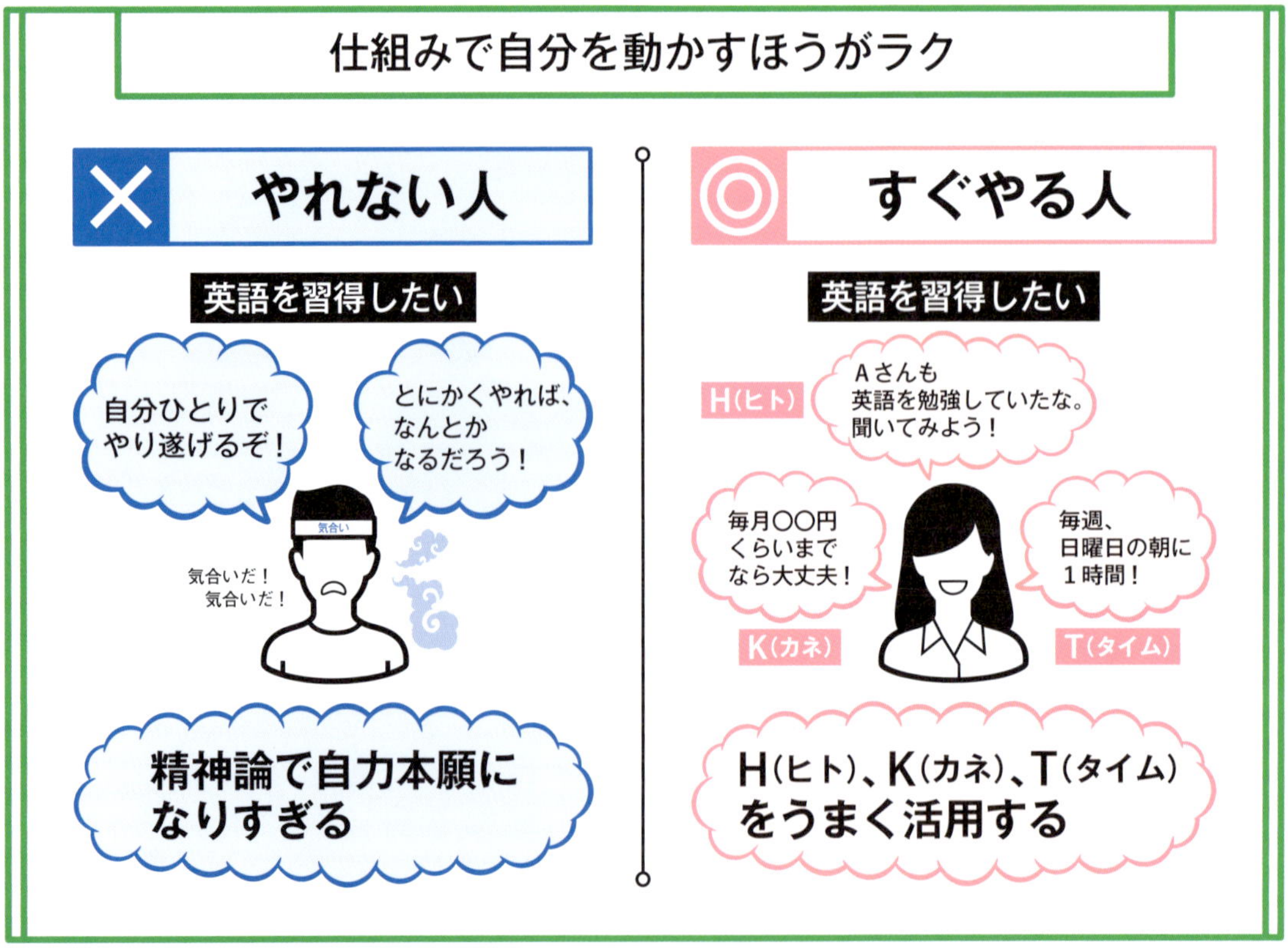
仕組みで自分を動かすほうがラク
やれない人
英語を習得したい
自分ひとりでやり遂げるぞ！
とにかくやれば、なんとかなるだろう！
気合い
気合いだ！ 気合いだ！
精神論で自力本願になりすぎる
すぐやる人
英語を習得したい
H(ヒト)
Aさんも英語を勉強していたな。聞いてみよう！
毎月○○円くらいまでなら大丈夫！
K(カネ)
毎週、日曜日の朝に1時間！
T(タイム)
H(ヒト)、K(カネ)、T(タイム)をうまく活用する

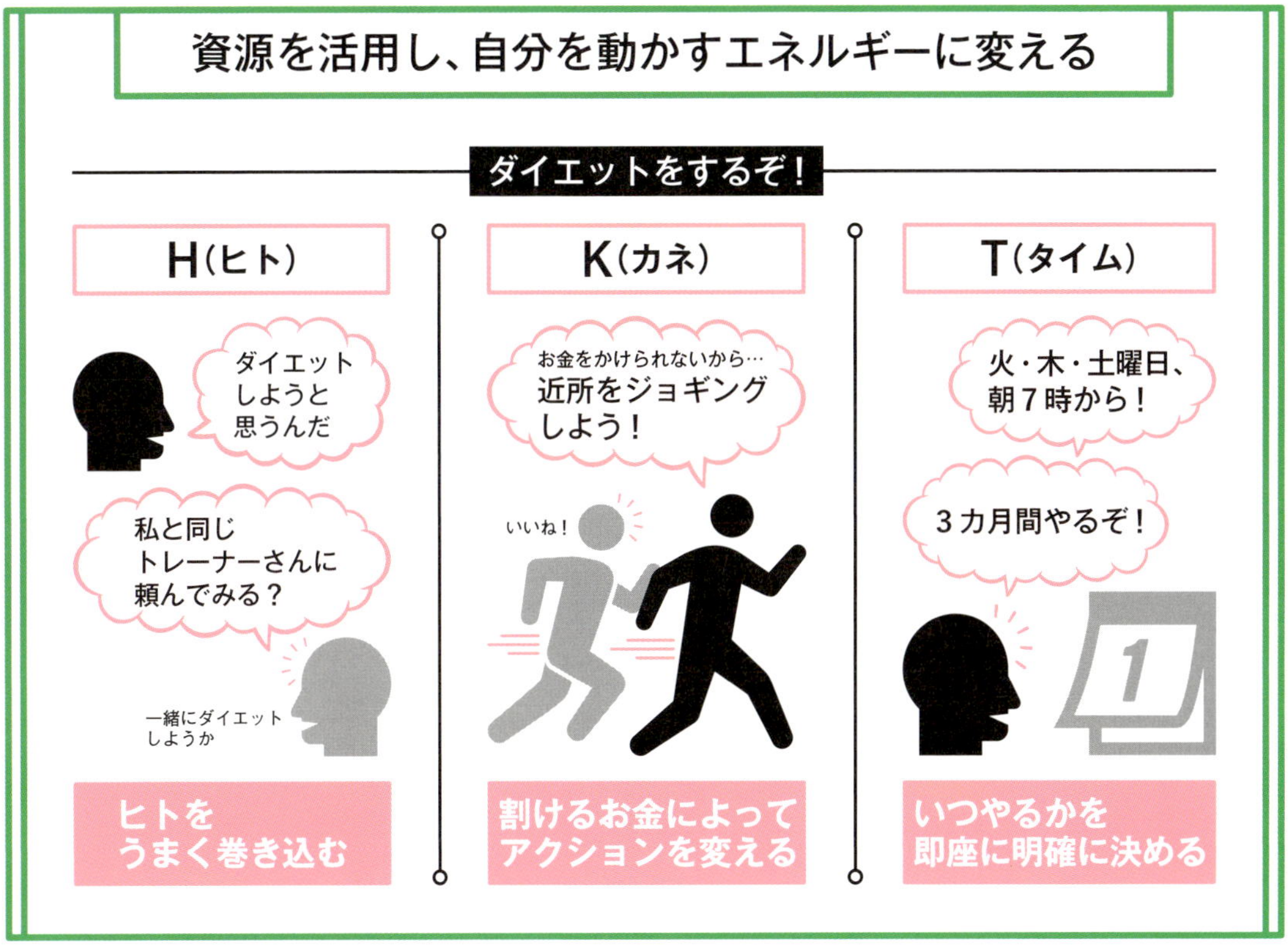
資源を活用し、自分を動かすエネルギーに変える
ダイエットをするぞ！
H（ヒト）
ダイエットしようと思うんだ
私と同じトレーナーさんに頼んでみる？
一緒にダイエットしようか
ヒトをうまく巻き込む
K（カネ）
お金をかけられないから…
近所をジョギングしよう！
いいね！
割けるお金によってアクションを変える
T（タイム）
火・木・土曜日、朝７時から！
３カ月間やるぞ！
1
いつやるかを即座に明確に決める

そうすれば、1人で悩んでいるよりも実現性が高まります。人は悩んでいるうちに、意識が薄れていってしまう傾向があるからです。お金もやはり仕組み作りに影響を及ぼします。

たとえば、ダイエットをするときに、お金をかけられるのならば、パーソナルトレーナーをつけ、お金をかけられないのであれば、近所をジョギングしてみます。その場合、ジョギング仲間を見つければ、実現しやすくなるでしょう。

それに**どれほどのお金が割けるのかによって、とるべきアクションも変わってきます。**行動が漠然としていて具体性がないと、先延ばしが慢性化してしまいます。

また、「すぐやる人」は具体的で、時間への意識が高いので、**いつやるのかを即座に明確に決めてしまいます。**少し俯瞰して、どれくらいの時間をかければ、目の前の課題が終わるのかを検討してみると、今の一歩が確かな一歩であるかがわかるので、行動に移せます。

「すぐやる人」はこれらの貴重な資源をうまく活用することによって、行動する仕組みを作ります。

一方で「やれない人」は、資源の活用がうまくないか、資源があることすら見えていないのです。

すぐやるための 3 POINT

1. 「すぐやる人」は人をうまく巻き込んで動く
2. 「すぐやる人」は割けるお金によりアクションを変えられる
3. 「すぐやる人」はいつやるのかを即座に明確に決められる

03

すぐやる人は ツーウェイ思考。

やれない人は ノーウェイ思考。

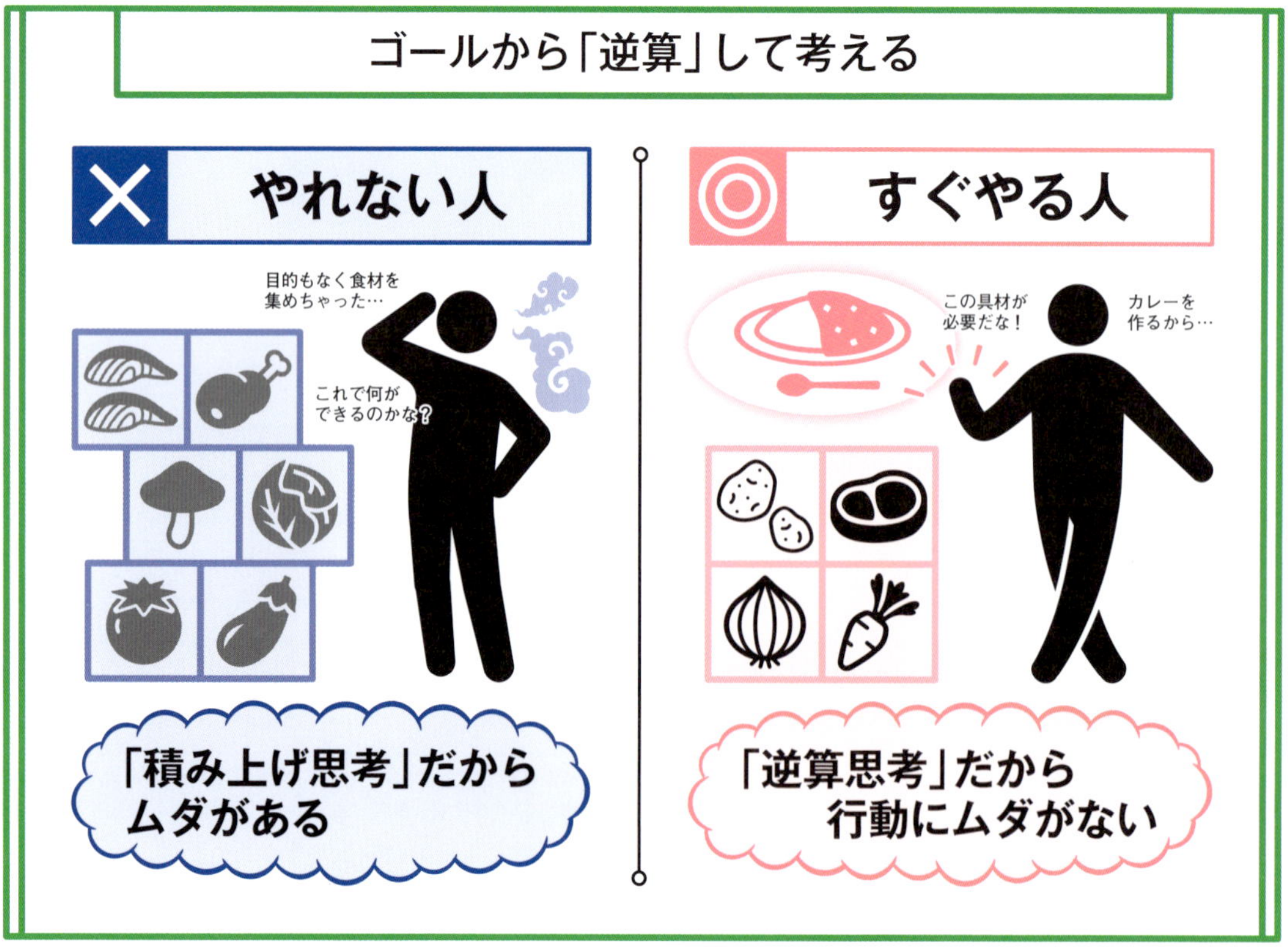
ゴールから「逆算」して考える
やれない人
目的もなく食材を集めちゃった…
これで何ができるのかな？
「積み上げ思考」だからムダがある
すぐやる人
この具材が必要だな！
カレーを作るから…
「逆算思考」だから行動にムダがない

ゴールから逆算すれば、自分のやるべき行動が明確になる

逆算思考とは、**ゴール設定をして、そこに到達するためには、今何をして、どのように進めていくのかを決めて、そのプランに沿って行動していく**という考え方です。道筋が明確で、行動にいつも基準があります。

積み上げ思考は、どこまでいけるかはわからないけれど、**今できることを精一杯やる**考え方です。

逆算思考は、料理のようなものです。たとえばカレーを作るなら、どんな具材が必要で、どう準備して、どう調理して、どういう順番で鍋に入れるかなどを考えます。

また、ゴールを明確にすることは、やらないことも決めることですので、ムダもありません。

特にビジネスでは、「何を成し遂げる必要があるか」といったゴールと、その締め切りが明確に定められていることが多いので、逆算思考はとても有効でしょう。

「やれない人」は逆算思考を持っ

ていません。「なんとなく頑張れるところまで頑張りました」というように考えがちです。

逆算思考と積み上げ思考を使い分ける

ただ一方で「すぐやる人」は**積み上げ思考も否定せず、ときに必要だとも考えています。**どんなときに有効かというと、目標が設定しにくいときです。今の時代はかつてないほど選択肢にあふれ、どの扉の向こうに、心から生きていることの喜びを感じる自分がいるのか、選択に迷ってしまいます。

そこで、「将来何に繋がっていくか今はわからないけど、やってみたいからやってみる」という選択肢は持っておきたいものです。

「すぐやる人」は目標設定したものだけに取り組むのではなく、自分の気持ちに素直なので、興味を持ったものにはアクティブに取り組みます。

逆算思考はゴールから考える思考法で、積み上げ思考は現時点からどんどん歩いていく思考法ですので、逆の考え方です。どちらかが重要なのではなく、どちらも使い分けていきたいものですね。

すぐやるための 3 POINT

1. 逆算思考は、設定したゴールから進め方を決め、行動する思考法
2. 積み上げ思考は、ゴールを決めず、現時点から歩いていく思考法
3. 逆算思考と積み上げ思考を上手に使い分ける

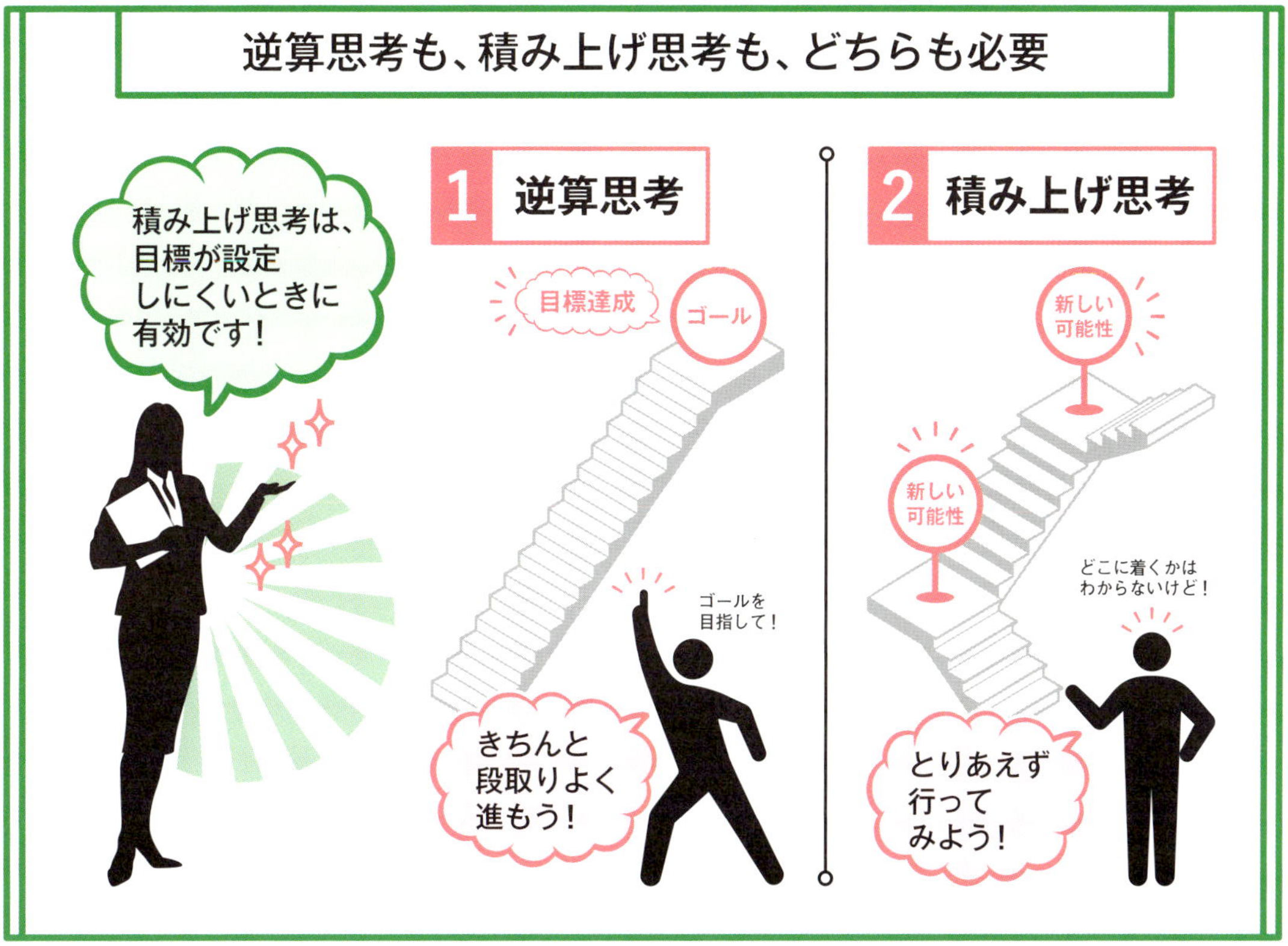
逆算思考も、積み上げ思考も、どちらも必要
積み上げ思考は、目標が設定しにくいときに有効です！
1 逆算思考
目標達成
ゴール
ゴールを目指して！
きちんと段取りよく進もう！
2 積み上げ思考
新しい可能性
新しい可能性
どこに着くかはわからないけど！
とりあえず行ってみよう！

04

すぐやる人は 9000回の負けを知る。
やれない人は 全勝を目指す。

ミスや失敗の経験が未来の自分の成功や誰かの役に立てる

「僕はこれまで9000本以上のシュートを外してきた。決勝シュートを任されながら、外したことが26回ある。人生で何度も何度も失敗してきた。だからこそ、こうして成功しているんだ」

これはあの有名なマイケル・ジョーダンの名言です。

誰でも失敗はしたくはないものです。

ただ、失敗への恐れが成功への道を奪っているかもしれません。「すぐやる人」はリスクテイカーです。リスクを怖いと感じないわけではありません。

リスクを感じながらも、1つひとつ目の前の課題と真摯に向き合い、チャレンジします。

私は、**ミスや失敗の数だけ誰かの役に立てることが増える**と思っています。

私もかつてはたくさんつまずいてきました。過去を取り戻すことはできませんが、未来は変えられ

すぐやる人は、失敗を成功に結びつける

やれない人
失敗したら
どうしよう…
今はやらないで
おこう…
きっとうまく
いかない…
やらなくても
平気さ…
失敗を恐れて
後手を踏んでしまう
すぐやる人
あの失敗が
あったからこそ、
今回は落ち着いて
シュートできた！
失敗の経験から
たくさんのことを学ぶ

失敗の数だけ誰かの役に立てる

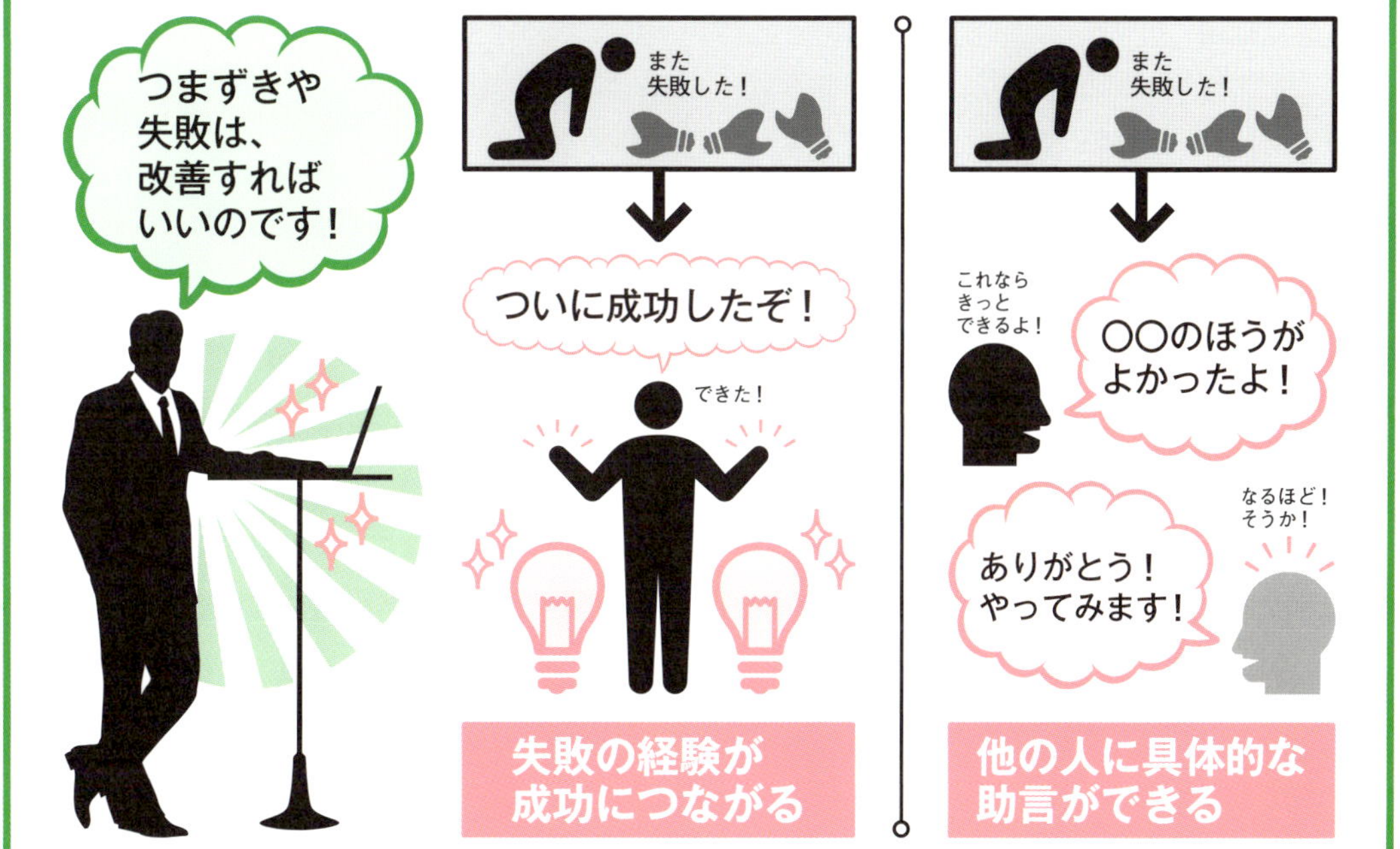

るのです。同じように未来が見えなくて、もがいている人たちの気持ちがよくわかります。そして、経験してきたからこそ、気持ちを理解することもできますし、具体的な助言をすることもできます。

つまずきや失敗は、改善すればいいのです。

だから、こうと決めてチャレンジして失敗しても、私は何も恥ずかしいとは感じません。**必ずその失敗があって良かったと思える日が来ます。**うまくいかない方法がわかったという学びは大事です。同じ過ちを繰り返さないようにすれば大きく前進できるのです。

失敗への恐怖心が行動を遅くし、後手を踏んでしまう

失敗への恐れはあなたを麻痺させます。特にこの失敗に対する恐怖心は、私たち日本人にとって「先延ばしする」傾向の大きな原因となっているのです。

もちろん、負けない勝負を捨てる必要はないでしょう。

ただ、**負けない勝負だけではどうしても動きが遅くなってしまって、後手を踏んでしまいます。**それは長期的に見たときには大きな損失となっていることでしょう。

必見！お役立ち COLUMN

「すぐやる人」は自分の失敗の経験から学ぶ

エジソンは電球を発明したときに「私は失敗したことがない。ただ1万通りの、うまくいかない方法を見つけただけだ」と言った話はあまりにも有名ですが、どの時代にも成功者はみな失敗を語ります。

「やれない人」は、失敗は許されないと考えますが、自らの道を突き進んだ「すぐやる人」たちは、失敗をつまずきと思わず、その経験から様々なことを学べばいいと思っているのです。

05

すぐやる人は 目の前のことに集中する。

やれない人は 結果ばかりを気にする。

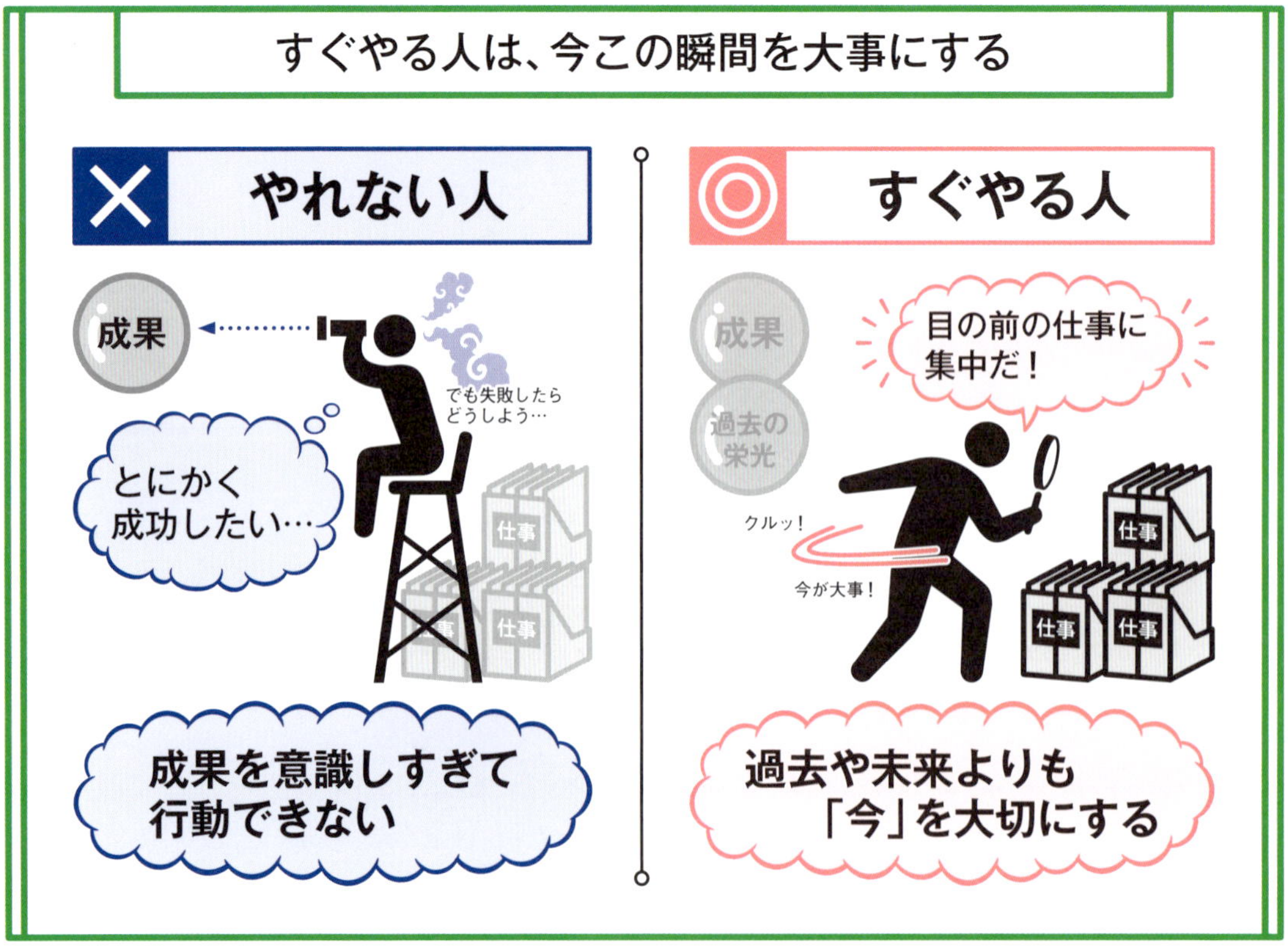
すぐやる人は、今この瞬間を大事にする
やれない人
成果
でも失敗したらどうしよう…
とにかく成功したい…
仕事
成果を意識しすぎて行動できない
すぐやる人
成果
過去の栄光
目の前の仕事に集中だ！
クルッ！
今が大事！
仕事
過去や未来よりも「今」を大切にする

過去や未来のことよりも「今」この瞬間の選択と行動が大切

「すぐやる人」は、「今」というものを、過去よりも未来よりも大切にしています。人生は今、この瞬間に目の前で起きていることでしかなく、誰にも未来は保証されていません。だから、目の前のことに全力を注ぎます。

一方で、「やれない人」は未来に待つ結果ばかりを意識しすぎるあまり、行動ができなくなってしまいます。「うまくいかなかったらどうしよう」と、自分でコントロールできない成果に意識を注ぎすぎるあまり、行動ができなくなっていませんか？

成果は自分で決めることができません。こちらがどれほど頑張ったとしても、相手がそれを受け入れてくれるとは、限りません。

だからと言って、投げ出していては、成果は得られません。宝くじは買わない限り当たることはないのです。くじを買うという選択と行動は、「今」しかできません。

未来の夢を語るよりも「今」に集中することで未来の成果が手に入る

過去にとらわれるのは、よくありません。過去の栄光にすがってしまうのは、今の自分がそれ以上のものではないからです。私たちは、未来を語ることによって、生きる勇気が湧いてきます。

しかし、遠くばかりを見ていると、足元の小石につまずいてしまいます。

その未来も、今という瞬間の積み重ねでしかありません。未来を描いて、未来を語ることがあっても、今この瞬間にどれだけ意識を向けられるか、目の前のリアルと向き合えるかが重要なのです。

本番で思った以上の力を出せる人とそうでない人で、何が違うのかというと、気持ちの持ち方です。

そこで成果を気にして、「失敗したらどうしよう」という気持ちが頭をよぎるか、今自分ができることに意識を集中させられるかの違いはとても大きいのです。

今に集中できる人は、いい意味で成果を諦めています。できることを精一杯やることに意識が向いているからです。成果はそこについてくるものだということです。

必見！お役立ち COLUMN

現状を打開して成長する方法は「今」にしかない

毎日、今の自分よりも１％成長した自分になることを繰り返していくと、数値上１年後には、約38倍の自分に成長することができます。1.01×1.01を365回繰り返せば37.8になるからです。自転車の漕ぎ始めと同じで、最初は大きな変化が出ないものですが、そこでどれだけ全力を注げるかが１年後に大きな差を生みます。

現状を打開する方法は、「今」にしかないはずです。

今に集中することで、成果を手にできる

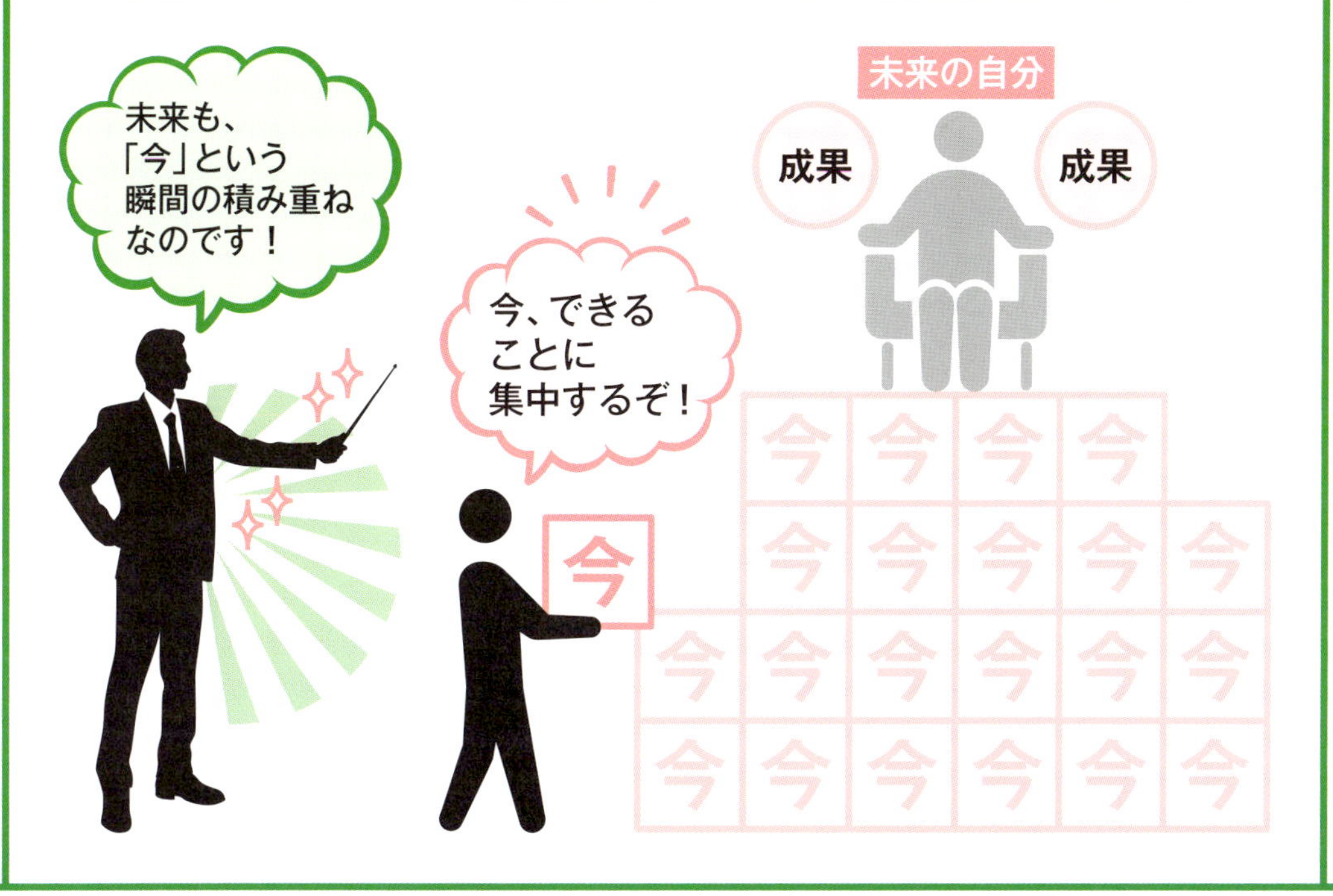
未来も、「今」という瞬間の積み重ねなのです！
今、できることに集中するぞ！
未来の自分
成果
成果
今

CHAPTER 01

思考編

復習問題

次の□に当てはまる言葉は、A、Bのどちらか？

Q1

すぐやる人は

□仕組みを作ろうと考える！

A 自分を動かす

B 常に挑戦する

Q2

すぐやる人は

人をうまく巻き込み、□に対し、明確な基準を持っている！

A お金と場所

B お金と時間

Q3

すぐやる人は

スタートからも□からも考えられる！

A 過去の時間

B ゴール

Q4

すぐやる人は

□を大きな成功に結びつける！

A 小さな失敗

B 成功体験だけ

Q5

すぐやる人は

今この□を何より大事にする！

A 瞬間

B 結果

解答：Q1／A　Q2／B　Q3／B　Q4／A　Q5／A

CHAPTER

02

「すぐやる人」と
「やれない人」の習慣

自分を動かす編

The Habits of Proactive People & Procrastinators

06

すぐやる人は 環境で自分を動かす。

やれない人は 誘惑に負けてしまう。

自分を動かせる環境作りをする
やれない人
すぐやる人
ちょっとだけ…
どうしても気になって…
クルッ！
テレビ
スマホ
雑誌
気にならない
自力で頑張ろうとするが、周りの誘惑に負ける
意思力に頼らず、誘惑そのものを遠ざける

「やれない人」はできない環境の中で頑張ろうとしている

「やれない人」は、できないのは自分の意志が弱いからだと意志力にすべての責任を負わせてしまいがちです。

そこで、自分の弱さに打ち勝たなければいけないと、自力で頑張ろうとした結果、たまたま目に止まったテレビや雑誌、スマホなどの誘惑に負けてしまい、ソファで寝そべり、自分の家やオフィスでも怠けてしまいます。こうして自分の弱さに自信を失ってしまうのです。「やれない人」は、できない環境の中で頑張ろうとしているとも言えます。

一方で**「すぐやる人」は、意志力に頼らず誘惑そのものを遠ざけるほうがよほどラク**だと考えています。自分を動かすことのできる環境作りをする、ということです。

それか、**やるしかない環境に自分を置く**ことです。これは環境を作るよりも簡単なことかもしれません。

誘惑されない環境を作るにはモノを持たないこと

私はそれほど意志力が強くはないので、動きたくなる環境の中に自分を追い込むことを優先しています。特に自宅やオフィスで気分が乗らないときは、近くにお気に入りのカフェを見つけておいて、そこで仕事をします。

私の場合は、**アイデアを出したいときは野外テラス席のあるカフェに行き、集中力が必要なことに取り組むときには、落ち着いた雰囲気のカフェなどに行く**と決めています。実は、これにも理由があります。開放感があるほうがクリエイティブになれ、天井が低く落ち着いた雰囲気のところのほうが集中力は高まることが、心理学の研究でわかっているからです。

誘惑に打ち勝ってやろうとする気迫は大事なものと言えます。しかし、**誘惑に勝つこと自体がエネルギーを無駄に消費してしまう**ことに繋がるのです。もし、自宅やオフィスで頑張りたいのなら、誘惑されない環境をまずは作りましょう。そのためにはモノを持たないこと、関係のないモノは徹底して処分してしまうことです。

必見！お役立ち COLUMN

やりたくなるトリガーのある環境に身を投じる

私がケンブリッジの大学院に通っていたときは、課題に追われるような日々だったので、毎日大学の図書館に足を運んでいました。

なぜ図書館へ行くのかというと、そこでたくさんのクラスメイトに会うからです。家でできることももちろんありますが、自分がやりたくなるようなトリガーのある環境に身を投じれば、自然とやるようになるものなのです。

目的別にお気に入りのカフェに行く

1 集中力が必要なとき

落ち着いた雰囲気のカフェに行く

2 アイデアを出したいとき

野外テラス席のあるカフェに行く

07

すぐやる人は 小さな石を動かそうとする。

やれない人は 大きな石を動かそうとする。

「すぐやる人」は心理的な負担が少ない簡単な作業から始める

どんなスポーツでも、いきなり試合はせずに、ウォーミングアップをします。仕事や勉強に取り組むときも、脳と心のウォーミングアップをしているでしょうか？

「すぐやる人」は、何かのタスクに取り組むときは苦手なものや難しいものから取りかかるのではなく、心理的な負担が少ない簡単な作業から取り組んでいきます。そして、**最初の5～10分間に物事がうまく進むと、気分も上向き、リズム感が生まれ、全体がスムーズに進んでいきます。**

「すぐやる人」はいきなり大きな石を動かそうとはしません。軽くてすぐ動かせそうな石から動かすことで、リズムが生まれてきます。

一方で、「やれない人」は順番を考えなかったり、難しいものやエネルギーを必要とするものから取りかかろうとします。確かに、大きなものを乗り越えたほうが一気にゴールに近づくように感じるも

タスクは簡単な作業から取り組む
×
やれない人
最初から疲れちゃった…
タスク
タスク
タスク
タスク
いきなりしんどいヤツだった…
タスク
順番を考えず始めてすぐ疲れてしまう
◎
すぐやる人
これなら簡単！
タスク
タスク
タスク
タスク
ひょいっ！
タスク
簡単なものから始めてリズムを生む

順番を変えれば、心理的な負荷は変わる

同じことをするなら、順番にも工夫をしましょう！
試験では解けそうなものから着手すると…
これとこれ、あとこれもすぐ解けそうだ
試験問題
気持ちが乗ってリズムとパフォーマンスが良くなる
よ～し、どんどん問題が解けるぞ～！
スラスラ！

のですが、結果としてつまずいて、やる気をなくしてしまいます。

「やれない人」は苦手なことや難しいことから始める

私は学生の頃、勉強が苦手でした。テスト前日に「少しでも何かやらないと」と思って、一番の苦手科目の勉強から着手していたのです。すると、わからないことがあまりにも多く、すぐに疲れて、マシな教科に割くエネルギーさえなくなってしまっていました。

このように、**「やれない人」は苦手なことや難しいことから解消しようとします。**そして、すぐに疲れ切ってしまいます。

今では私は、「試験では順番に解くのではなく、解けそうなものから解きましょう」と、いつも言っています。解けそうな問題から着手していくことで「できるぞ」と気持ちが乗ってきて、リズムとパフォーマンスが良くなるのです。

同じことをするのでも、**少し順番を変えるだけで心理的な負荷は変わってくる**ものです。もしもあなたが、その順番を考えることを怠っているとしたら、非常にもったいないことです。

すぐやるための 3 POINT

1. タスクに取り組むときは簡単な作業から
2. 最初に物事がうまく進むと気分も上向き、リズムが生まれる
3. 順番を変えるだけで、心理的な負荷は変わってくる

CHAPTER 02

08

The Habits of Proactive People & Procrastinators

すぐやる人は 自分ともアポをとる。

やれない人は 他人とだけアポをとる。

自分との約束をスケジュール帳に書く

× やれない人

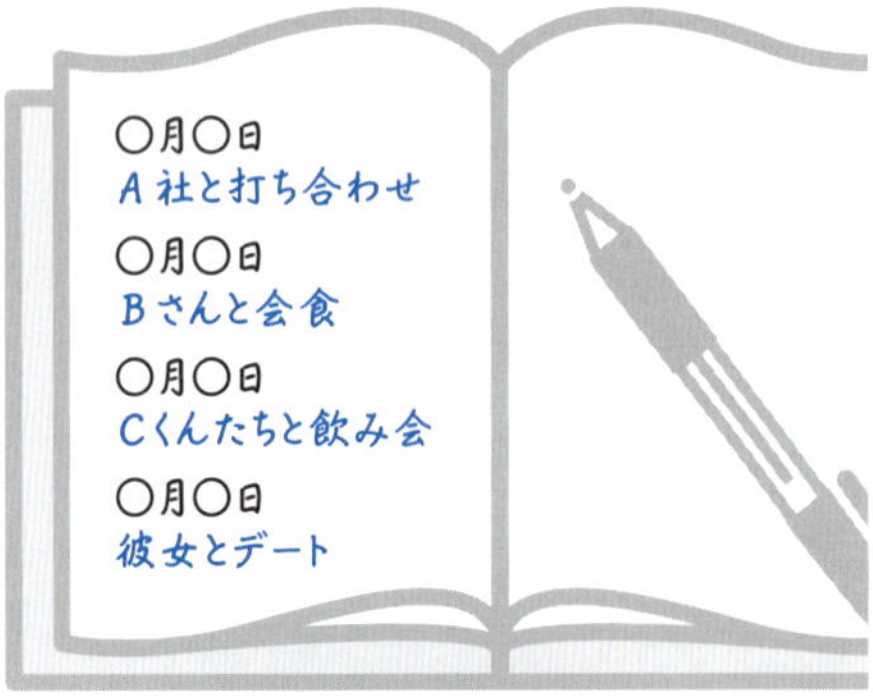
○月○日
A社と打ち合わせ
○月○日
Bさんと会食
○月○日
Cくんたちと飲み会
○月○日
彼女とデート

仕事や友人との予定のみを書く

◎ すぐやる人

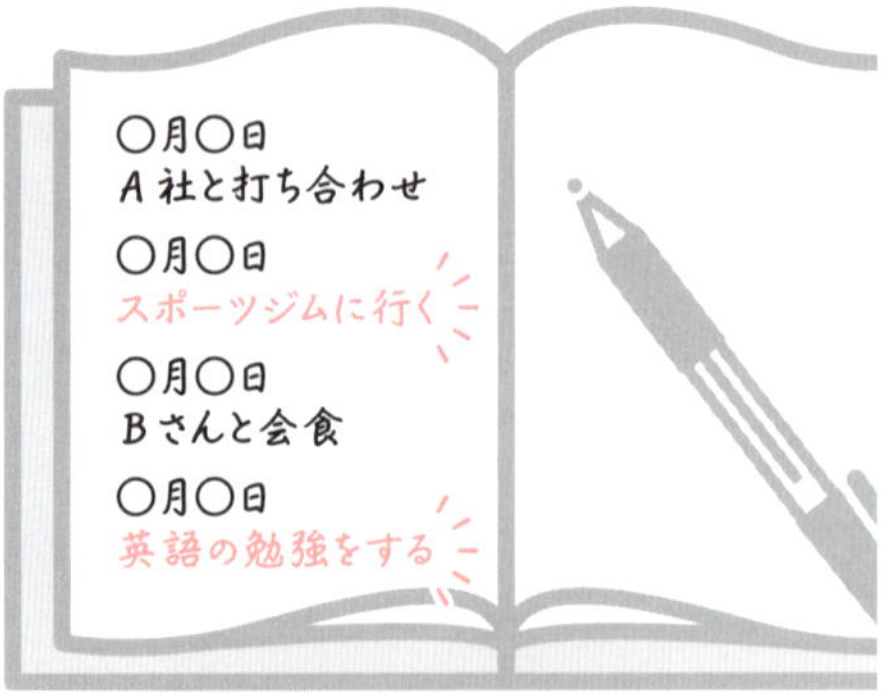
○月○日
A社と打ち合わせ
○月○日
スポーツジムに行く
○月○日
Bさんと会食
○月○日
英語の勉強をする

仕事や友人との予定と自分の予定を書く

「すぐやる人」は時間を意識して自分とのアポを優先する

皆さんはスケジュール帳に何を書いていますか？

もちろん仕事の予定や友人との予定を書いている人はとても多いことでしょう。「やれない人」はここで完結しているはずです。

一方で、**「すぐやる人」は、時間を意識し、自分とのアポを優先しています。**自分との約束もスケジュール帳に書いているのです。

1日の3分の1は睡眠にとられ、もう1つの3分の1を仕事や学校などで消化するとなれば、残りの3分の1をいかに有効に活用して未来を創り出すか向き合うことは、とても重要です。

私は面倒くさがり屋なので、**しっかりと自分との予定を明確にしておかないと、ズルズルと怠けてしまいます。**他人との約束は信用の問題でもあるので、強制力が働き、行動に移す確率は高いのですが、自分との約束には簡単に言い訳ができてしまうのです。だから、可視化する必要があります。

そこで私は、時間割を作成するようにしています。日曜日の夜に1週間の予定を作成しますが、そのときに仕事以外の時間帯では、緊急性は低いけれど重要性が高いものへの時間を確保することを優先させます。

自分ともアポをとることを習慣づければ、今よりもさらに時間への意識が強くなるのです。そして、時間をコントロールできているという感覚は確かなモチベーションを生みます。

忙しくて不安でも、とにかく計画だけは立ててみる

忙しくて計画通りにいくか不安でも、とにかく計画だけは立ててみましょう。計画通りいかなくても、**計画を立てることで、なぜ計画通りに進まなかったのかを分析することができる**のです。

「やらなきゃいけないことがあるのに、ついつい誘いに乗ってしまった」ということを客観的に把握することで、別の時間にそれを埋め合わせする意識が高まって、状況に流されてしまう可能性は低くなります。

必見！お役立ち COLUMN

自分にとるアポは自己投資の時間を落とし込む

仕事や外せない予定が決まったら、自分にとるアポは、自己投資の時間にします。自分を磨くためのインプットの時間を徹底して確保することが大切です。

私の場合であれば、読書する、英語の勉強をする、ジムへ行く、セミナーに参加する、会いたい人に会う、整理整頓するなどの自己投資の時間をしっかりとスケジュールに落とし込んでいます。自分とアポをとる習慣をつければ、どんどん実現します。

計画を立てることのメリット

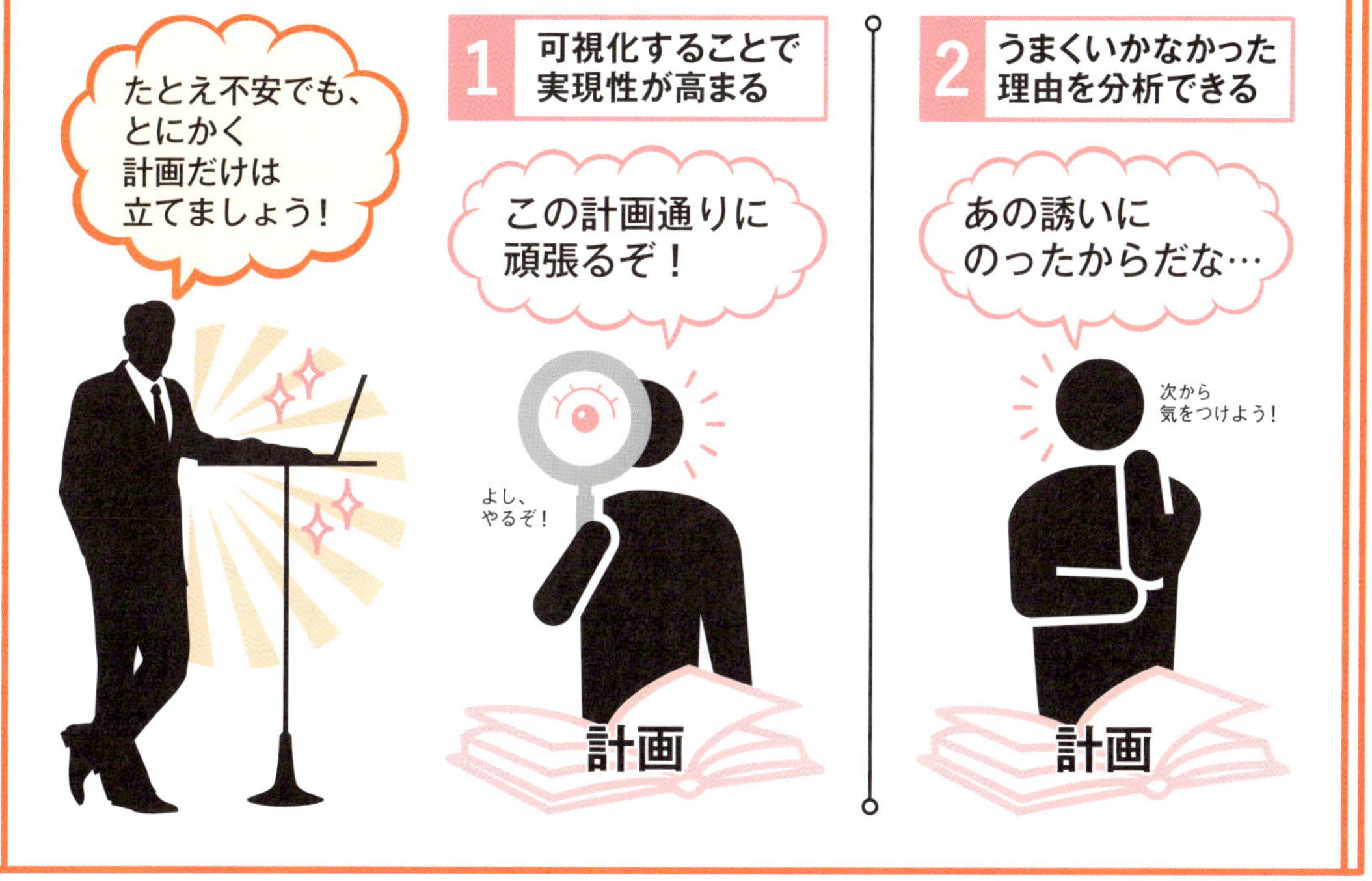
たとえ不安でも、とにかく計画だけは立てましょう！
1 可視化することで実現性が高まる
この計画通りに頑張るぞ！
よし、やるぞ！
計画
2 うまくいかなかった理由を分析できる
あの誘いにのったからだな…
次から気をつけよう！
計画

09

すぐやる人は ダッシュキノコを食べる。

やれない人は 疲れた脳で午後を過ごす。

頑張ろうという気持ちは時間とともにどんどん低下していく

私たちの意志力というものは朝にピークを迎えて、2~3時間後から低下し始めます。簡単に言い換えれば、頑張ろうという気持は時間とともにどんどん低下していくということです。

　これは自然なことなので、どうしようもない事実だと割り切ったほうがいいでしょう。

「ダッシュキノコ」と聞いてピンときた人は、きっとマリオカートで遊んだことがある人でしょう。人気レーシングゲームであるマリオカートでは、レース中にキノコをゲットすると、短期的ではありますが、一気に加速することができるのです。

「すぐやる人」は疲れた自分を加速させる方法を知っています。

　ダッシュキノコのような、疲れてきたときでも1日を再加速させてくれる方法を見逃していませんか？　だとしたら、実にもったいないことです。

疲れた自分を加速させる方法を知る
× やれない人
ダメだ…
もう疲れた…
疲れたままで
午後を過ごしてしまう
◎ すぐやる人
これで午後も
バッチリ！
スッキリ
回復したぞ！
午後からでも頑張れる
方法を実践する

1日を再加速させる方法

1 パワーナップをとる

15 min
ZZZ...
ZZZ...

15分から20分程度の仮眠をとる

2 グリーンエクササイズ

緑がたくさんあって気持ちいい♪

緑の多い場所などを10分程度散歩する

3 軽めのシャワーを浴びる

ふ～
スッキリした♪

汗を流す程度でOK。時間は5分以内

「すぐやる人」は無理に意志力に逆らおうとしない

1日を再加速させてくれる方法の1つめは、**「パワーナップをとる」**ことです。パワーナップとは簡単に言えば、15分から20分程度の仮眠のことです。朝起きたときと同じほどの状態には戻りませんが、自分をコントロールする力が高まり、行動力が高まります。

2つめの方法は**「グリーンエクササイズ」**です。緑や水を感じられる場所は回復を劇的に早める効果があります。緑の多い場所や、池や川など水を感じる場所の近くを5分から10分程度軽く散歩したり、ストレッチをしたりするだけで、脳の疲労は軽減されることがわかっています。

3つめの方法は**「軽めのシャワー」**です。しっかりとした入浴というよりは、汗を流すほどのシャワーを浴びると言ったほうが良いでしょう。時間にして5分以内が目安です。

このように、「すぐやる人」は**無理に意志力に逆らおうとせずに、どうすれば1日の中で自分をリフレッシュさせ、行動力を回復させるかを考え、実践しています。**

すぐやるための 3 POINT

1. 私たちの意志力は朝にピークを迎え、徐々に低下する
2. 「すぐやる人」は疲れてきても再加速させている
3. パワーナップ、グリーンエクササイズ、軽めのシャワーで、意志力の再加速を

10

すぐやる人は まず1センチだけかじる。

やれない人は あとで全部食べようとする。

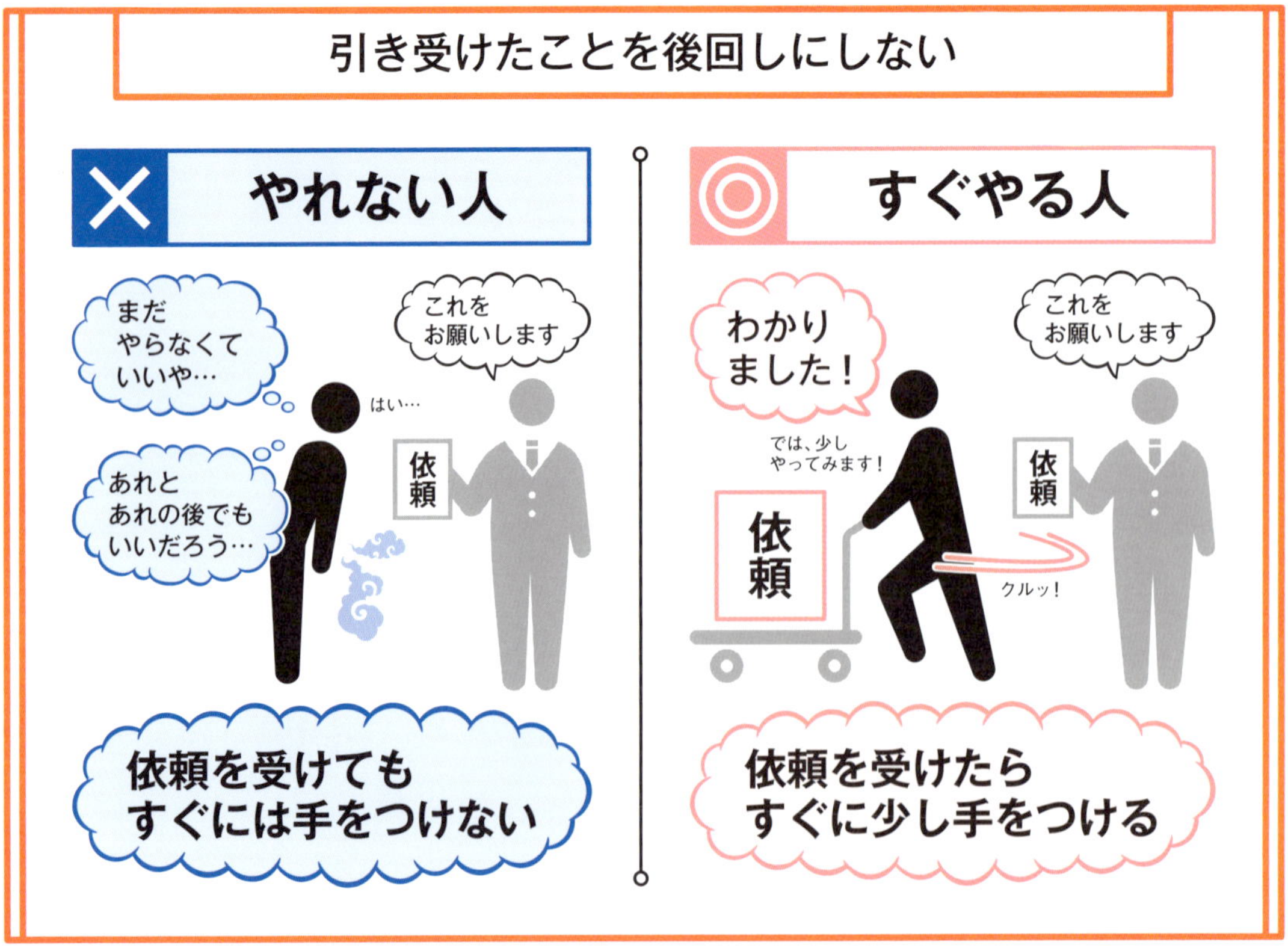
引き受けたことを後回しにしない
やれない人
まだ やらなくて いいや…
これを お願いします
はい…
あれと あれの後でも いいだろう…
依頼
依頼を受けても すぐには手をつけない
すぐやる人
わかり ました！
これを お願いします
では、少し やってみます！
依頼
依頼
クルッ！
依頼を受けたら すぐに少し手をつける

物事を能動的に進めるためには、当事者意識を持たせる

私たちの日々の行動を分類する方法はたくさんありますが、中でも「自分で決めたこと」と「他人から依頼されたこと」の2つに行動を大別することは、「すぐやる」か「やらない」かを考えるときには、重要になってきます。

なぜなら、自分で決めたことには当然、当事者意識がありますが、他人からの依頼はそもそも当事者意識がないものだからです。だから、当事者意識を持ちにくいのは自然なことで、自分で決断したことよりも後回しにしてしまう可能性が高くなってしまいます。

物事を能動的に進めるためには、自分に当事者意識を持たせることが重要です。そのためには、依頼を引き受けたのなら、最初のちょっとした出だしで、工夫することです。

その工夫とは、**依頼を引き受けたのならば、今やっていることがあっても、少しだけ手を止めて、今**

すぐできる行動を少しとってみることです。

時間を区切って手をつけて、ダラダラ続けない

今すぐできる行動とは、たとえば、どういう計画ならきちんとその依頼を成し遂げることができるかといったスケジュールを立ててみることでもいいでしょう。他人を巻き込む必要があるならば、早速連絡を入れてみるのも手です。逆算して自分のアクションを具体的に想定して、疑問点を洗い出してみてもいいでしょう。

ただし、そのままダラダラと続けてしまうと、中途半端なマルチタスクとなりかねません。**5分以内と時間を区切って手をつける**ようにします。時間の制限を持たないとダラダラとなりますので、ここでも時間制限を設けることで瞬発力と集中力を高めたいものです。

「すぐやる人」は、**いかに他人からの依頼についても、自分に当事者意識を持たせるか**を考えています。だから彼らは相手の期待値を少し上回ることもできますし、信頼を勝ち取ることができるので、好循環が生まれていくのです。

必見！お役立ち COLUMN

未完了の課題の記憶は、頭に残りやすい

今やっているタスクを中断すれば、中途半端になってしまうことを懸念するかもしれません。しかし、認知心理学では、「ツァイガルニック効果」と言って、未完了の課題についての記憶は、完了した課題についての記憶に比べて頭に残りやすいと言われています。

だから、今やっていることを一時中断しても、意識の中からそれが消え去ることはあまりないので、安心してください。

当事者意識を持つためにできる行動

1 スケジュールを立てる

えっと、いつならできるかな…？
スケジュール
よし、明日の午前中にやろう！

依頼を成し遂げられる計画を考える

2 他人を巻き込む

Aさんに相談したいことがあります

他人の協力が必要なら早速連絡をしてみる

3 疑問点を洗い出す

この計画で気になることは…

逆算して自分のアクションを想定する

11

すぐやる人は 毎日カバンを空っぽにする。
やれない人は 荷物を入れっぱなしにする。

「すぐやる人」はカバンの中を整理する習慣を持っている

仕事や学校から家に帰ったら、カバンはどうしていますか？　ここにも「すぐやる人」と「やれない人」の差が現れます。

「すぐやる人」はカバンの中を毎日整理する習慣を持っています。なぜなら、先延ばしにしてしまう原因の1つは、モノがきちんと整理されていないことにあるからです。

往々にして、**モノが整理されていない状態ならば、頭の中も整理されていない状態である**と言っても、過言ではありません。どこに何があるのかを把握できていないため、もの探しに多くの時間を使っている人も少なくありません。

「すぐやる人」は帰宅したら毎日、書類や荷物をカバンの中から出し、必要なものはどこの定位置に戻すかを決めています。そうすることで、どこに何があるのか、何が必要で何が必要でないかを毎日整理することができるので、頭の中も

カバンの中は毎日整理する

やれない人
ダラダラ…
ダラダラ…
帰宅後、書類や荷物をそのままにしておく
すぐやる人
帰宅後、書類や荷物を出して整理する

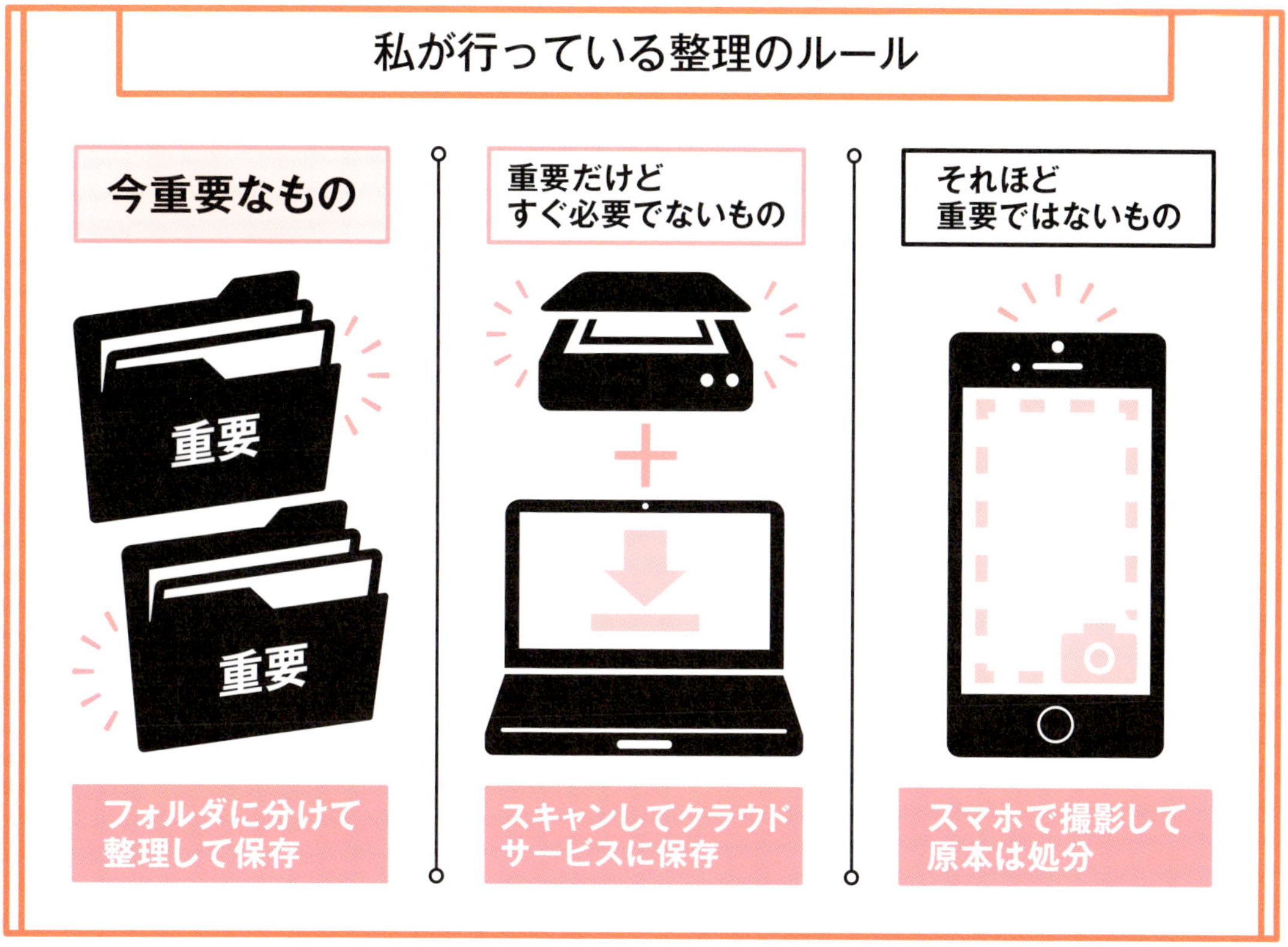
私が行っている整理のルール
今重要なもの
重要
重要
フォルダに分けて整理して保存
重要だけどすぐ必要でないもの
スキャンしてクラウドサービスに保存
それほど重要ではないもの
スマホで撮影して原本は処分

すっきり整理された状態に保つことができます。

カバンを整理することは心と頭の整理をしていることと同じ

日々、書類はどんどん増えていきます。だから、**毎日カバンから書類を取り出し、本当に必要なものとそうでないものに分けて、必要でないものは処分します。**私の場合は、3つに分けて、それぞれのルールを決めています。

1つめは、今重要なもの。これはしっかりとフォルダに分けて整理して保存します。明日必要であれば明日持っていけるように準備をしておきます。

2つめは、重要だけど今すぐ必要でないもの。これはスキャナーでパソコンに取り込み、クラウドサービスに保存します。原本はよほど重要なもの以外は捨てます。

3つめは、それほど重要ではないもの。もしかしたら必要になるかもしれないと感じるものはスマホで写真を撮って保存しておきます。もちろん原本は処分します。

毎晩**カバンを空っぽにすることは、心と頭の整理をしていることと同じ**なのです。

すぐやるための 3 POINT

1. 先延ばしの原因は、モノが整理されていないこと
2. 「すぐやる人」は書類や荷物をカバンから出し、毎日整理している
3. 必要な書類とそうでないものに分けて、必要ないものは処分する

自分を動かす編

復習問題

次の［　　］に当てはまる言葉は、A、Bのどちらか？

Q1

すぐやる人は

意志の力に［　　］！

A まかせる

B 頼らない

Q2

すぐやる人は

［　　］から取り組み、弾みをつける！

A 小さなこと

B 苦手なこと

Q3

すぐやる人は

［　　］ための予定を入れている！

A 仕事だけの

B 自分を磨く

Q4

すぐやる人は

［　　］を大きくする仕掛けを持っている！

A 当事者意識

B 他人の責任感

Q5

すぐやる人は

［　　］を整理することで、頭に余裕を生み出している！

A 使わないもの

B 身近なもの

解答：Q1／B　Q2／A　Q3／B　Q4／A　Q5／B

CHAPTER 03

「すぐやる人」と
「やれない人」の習慣

周囲を動かす編

The Habits of Proactive People & Procrastinators

12

すぐやる人は 人を楽しませる。

やれない人は 正論を押しつける。

人を喜ばせるためのアンテナを張れている
やれない人
〇〇に決まってるだろ！
正論
自分が言ってることは絶対正しい！
自分の考える正論を押し通してしまう
すぐやる人
人を楽しませたい！
お客さんがどう感じるかがすべてだ！
相手の視点を大切にしている

「すぐやる人」は人を喜ばすことにアンテナを張っている

「すぐやる人」は**人を楽しませることが好きなエンターテイナー**です。とにかく人が喜ぶこと、楽しむことに対してのセンサーが敏感で、常にアンテナを張っています。

だから、「すぐやる人」は目のつけどころが絶妙です。相手を楽しませることを楽しんでいるということは、相手の視点を大切にしているのです。

相手の視点に立って楽しませるから、人から愛される

私は、あのマイケル・ジャクソンの専属振付師で、『THIS IS IT』のディレクターでもあり、レディ・ガガやビヨンセなどの振付やステージ・プロデュースをしてきたトラヴィス・ペイン氏のイベントで、MC兼通訳をさせてもらったことがあります。

ペイン氏が会場に到着した瞬間

からその凄さはわかりました。何よりも人を楽しませるためのセンサーが鋭いのです。

「すべてがお客さんはどう感じるか」といった視点で徹底します。

要は目のつけどころなのです。相手がどんな視点でものを見ているかを、瞬時に判断するセンサーが全開なのです。

すべてがエンターテインメントなのです。「すぐやる人」は**人を喜ばせたり、楽しませることを心から楽しんでいます。だから、人に尊敬され、人から愛されるのです。**

一方で、「やれない人」は正論を振りかざします。自分の言っていることは正しいのだから、周りが柔軟に対応しろという姿勢です。

それが正論なのかもしれませんが、人間は感情の生き物であることを忘れてはいけません。

「すぐやる人」は、人を動かし、人を巻き込むのがうまいのです。だから、自分の考える正論を押しつけるのではなく、相手の視点にアンテナを張ります。

「一日一善」ならぬ、1日1回人を楽しませるような「一日一楽」から始めるのはどうでしょう。

人との繋がりが活性化し始め、行動することが楽しくて仕方なくなるはずです。

必見！お役立ち COLUMN

人を喜ばせるには相手の話をしっかり聞くこと

人を喜ばせる人たちに共通しているのは、人の話に真剣に耳を傾けるということです。

人の話を真剣に聞くことがラポール（信頼関係）を築くための最高の方法ですが、それを狙ってやっているのではなく、話をしっかり聞くことが相手を尊重することであり、喜ばせる方法だからでしょう。

人を喜ばせることは、相手の話を聞くことから始まるのかもしれません。

人を喜ばせる人たちの共通点

人との繋がりが深まり、行動することが楽しくなります！
1 相手の視点に立つ
和菓子よりケーキが好きで♪
Aさん
Aさんにはケーキがいいわね
フルーツも好きだから、苺のケーキにしよう！
2 人の話をしっかり聞く
〇〇したいと思うんです
それなら、こんな方法が…
なるほど、ありがとう！
うまくいくといいですね！
信頼関係

すぐやる人は 選択肢を3つ用意する。

やれない人は 自由選択式。

漠然とした問いかけや多すぎる選択肢は選択を困難にさせる

何かに取り組むときは自分の意志力に頼るだけでいると、物事が前に進まないことがあります。

だから、**周囲を巻き込むことで行動力を高める**のです。

「すぐやる人」は、誰かにお願いをするとき、漠然としたお願いはしません。それでは相手を困らせることを知っているからです。

たとえば、アポをとるとき、「すぐやる人」は、3つの選択肢で相手に問いかけます。「3月15日と18日、23日で、どこかお時間ありませんでしょうか」といったように、相手の予定を伺います。

相手は選択肢が絞られていることで検討しやすくなり、何かしらのアクションを起こすモチベーションも高まるのです。

つまり、**選択肢を絞って提案することで、アポ取りに成功する確率はとても高くなる**のです。

「やれない人」は、アポをとるときに、「いつが空いていますか」と

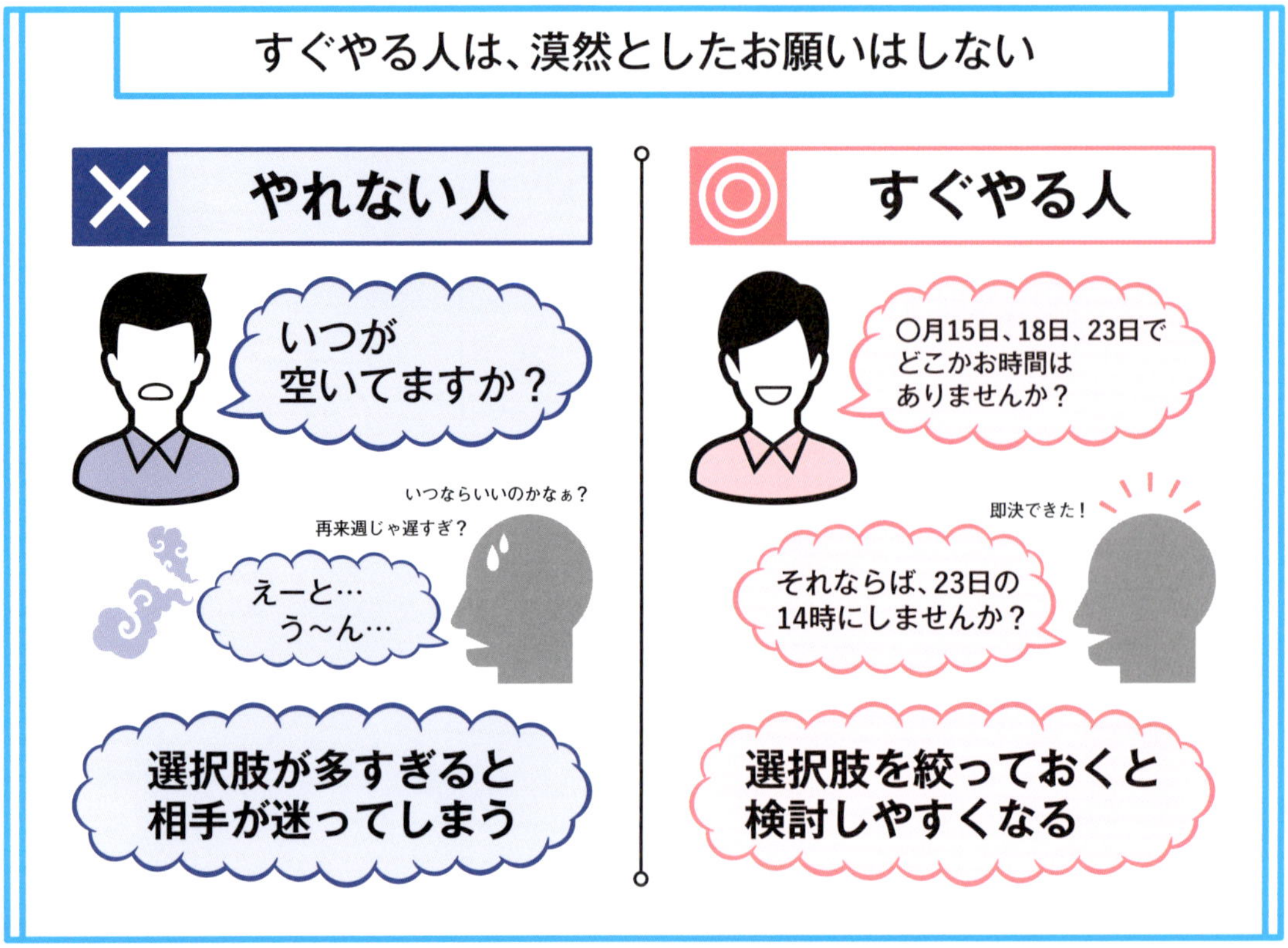
すぐやる人は、漠然としたお願いはしない
やれない人
いつが空いてますか？
いつならいいのかなぁ？
再来週じゃ遅すぎ？
えーと…う〜ん…
選択肢が多すぎると相手が迷ってしまう
すぐやる人
○月15日、18日、23日でどこかお時間はありませんか？
即決できた！
それならば、23日の14時にしませんか？
選択肢を絞っておくと検討しやすくなる

多すぎる選択肢は、アクションを起こしにくい

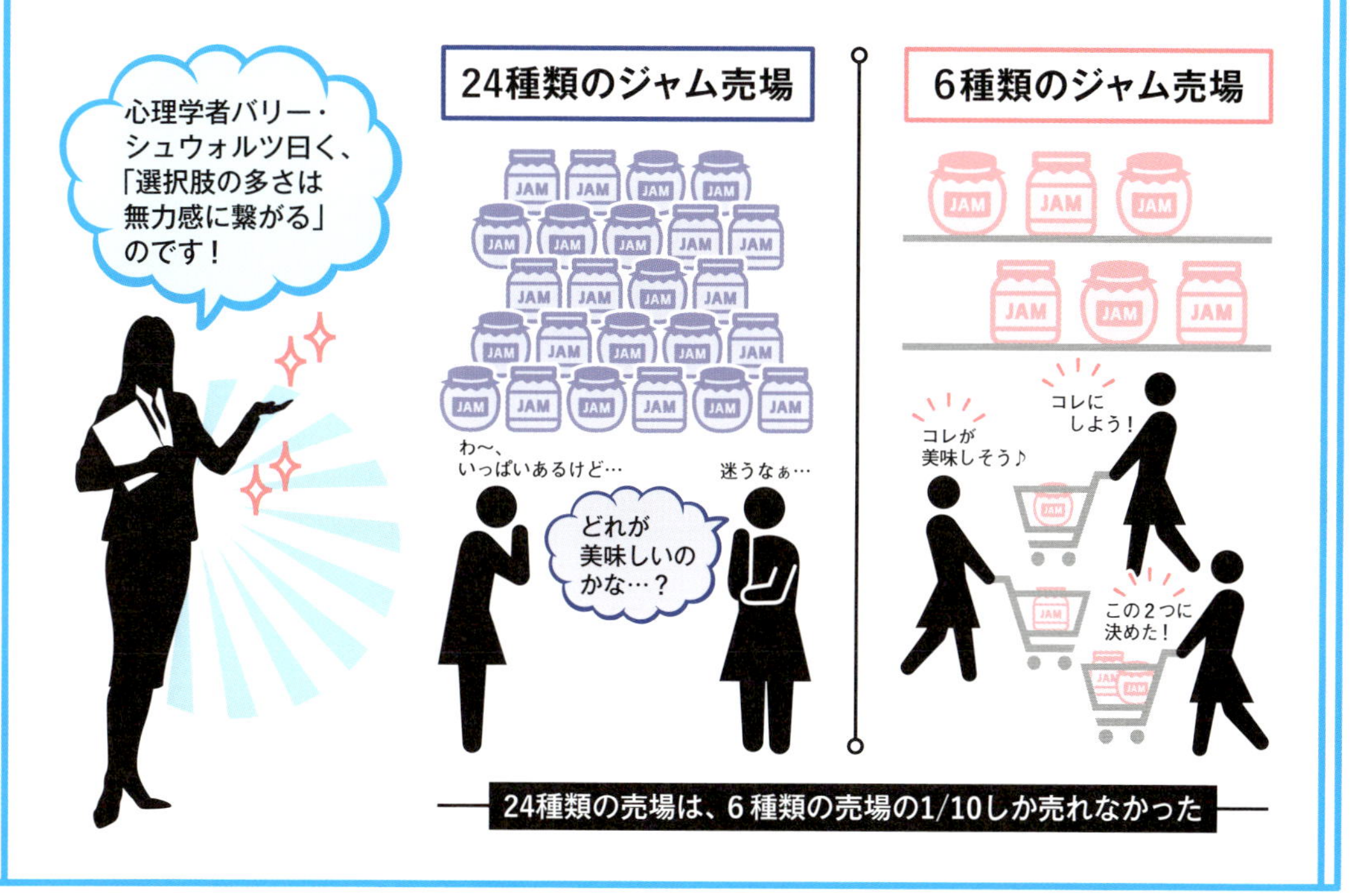
心理学者バリー・シュウォルツ曰く、「選択肢の多さは無力感に繋がる」のです！
24種類のジャム売場
6種類のジャム売場
JAM
わ〜、いっぱいあるけど…
どれが美味しいのかな…？
迷うなぁ…
コレが美味しそう♪
コレにしよう！
この2つに決めた！
24種類の売場は、6種類の売場の1/10しか売れなかった

漠然とした問いかけをします。すると、相手は選択することが難しく、アクションを起こしにくくなってしまうのです。

選択肢を絞り、相手にアクションを起こさせる

コロンビア大学教授のシーナ・アイエンガーの研究によれば、24種類のジャムの売り場と、6種類のジャムの売り場では、前者は後者の10分の1の売り上げしか上がらなかったとのことでした。

選択肢が多いと、相手がアクションを起こしにくくなるというリスクがあるのです。

だからと言って、選択肢を絞り込み過ぎてしまうと、相手は自由を奪われたと感じ、抵抗感を持ってしまいます。

つまり、**アポを取りたければ、3つくらいに選択肢を絞ってから相手に問いかけてみる**のです。

「すぐやる人」は、相手のアクションを喚起し、相手を巻き込んでいきます。

周囲を巻き込むことができればあなたもアクションを起こすことになるでしょう。巻き込むスキルは行動力を高めてくれるのです。

すぐやるための 3 POINT

1. 相手がアクションを起こしやすいように選択肢を絞る
2. ３つの選択肢でアクションを喚起して、相手を巻き込んでいく
3. 周囲を巻き込むスキルは、自分の行動力を高めてくれる

14

すぐやる人は 質問で前向きになる。

やれない人は 質問でやる気を失う。

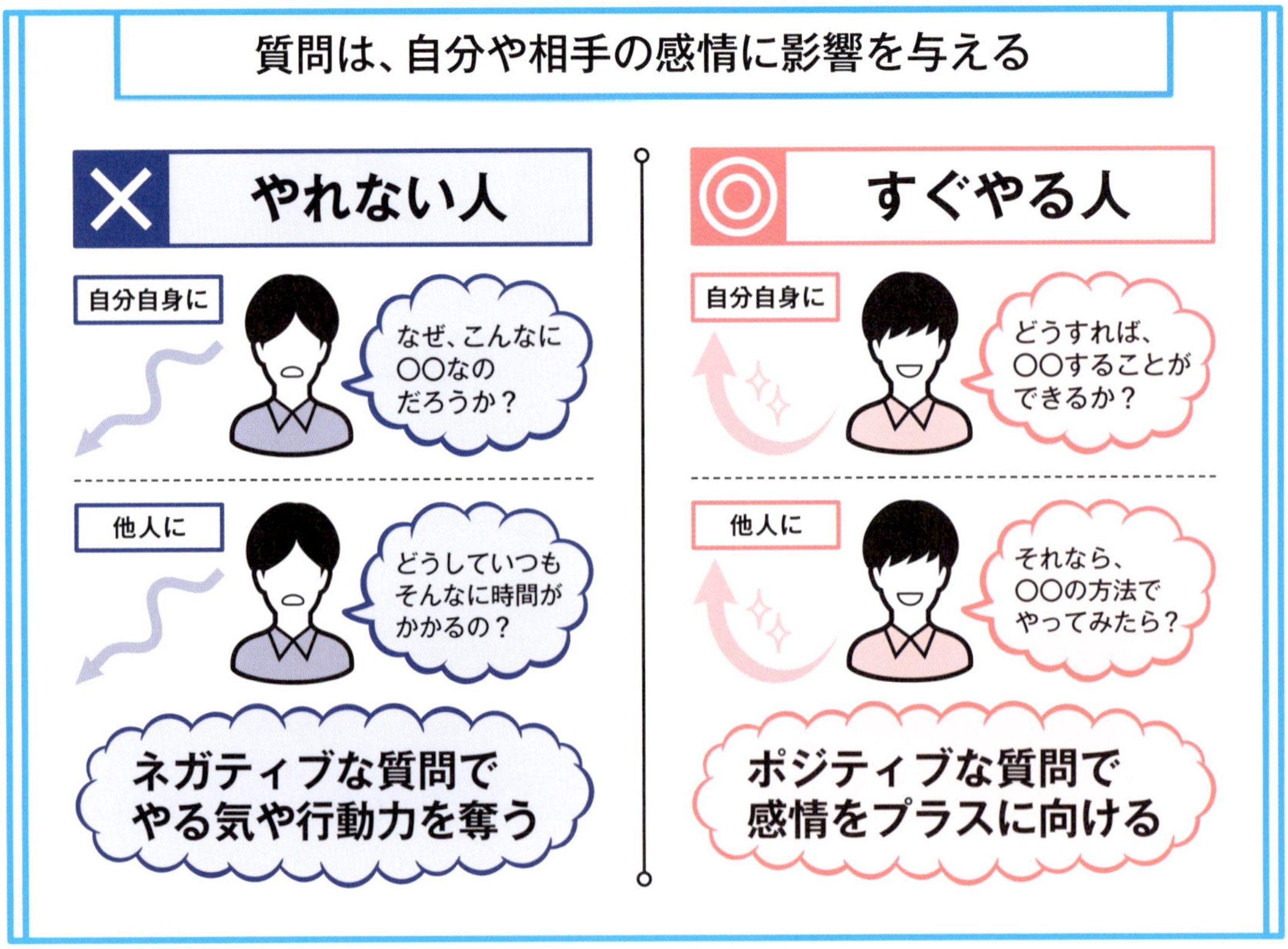
質問は、自分や相手の感情に影響を与える
やれない人
自分自身に
なぜ、こんなに〇〇なのだろうか？
他人に
どうしていつもそんなに時間がかかるの？
ネガティブな質問でやる気や行動力を奪う
すぐやる人
自分自身に
どうすれば、〇〇することができるか？
他人に
それなら、〇〇の方法でやってみたら？
ポジティブな質問で感情をプラスに向ける

質問は感情に影響し、人をポジティブにもネガティブにもする

「すぐやる人」は、**いい質問は人を動かし、悪い質問は人から行動力を奪ってしまう**ことを知っています。

「なんで、何回も同じことを言わないとわからないの？」

このような質問は、相手からやる気と行動力を奪います。

質問とは脳へのスイッチです。**質問を変えることで意識の焦点の当て方が変わります。**

質問は感情に影響を与えるので、ネガティブな面に焦点を当てた質問を繰り返せば、気分は落ち込むばかり。一方で、ポジティブな質問を繰り返せば、感情もプラスに向き、脳が活性化するのです。

「やれない人」はいつもネガティブな質問をして、自分を責めた結果、相手の心もつかめません。

一方で「すぐやる人」はいい質問で自分を動かします。**いい質問とは、自分にできることは何かということだけに、意識を向けた質**

問のことです。つまり自分が変えられることだけに集中するということです。他人を変えようとするよりも、自分を変えるほうがよほどラクです。

前向きないい質問で物事を思い通りに進めることができる

たとえば、外国人は「待ち合わせ時間の15分後くらいまでならば大丈夫」と考えている人が少なくありません。

そこで、「どうすれば時間通りに予定を進めることができるか」と質問を変えました。すると、本来より15分早く待ち合わせればいいという結論に至ったのです。

時間に対しての価値観は文化によって大きく変わります。だから、相手の価値観を嘆くのではなく、それを踏まえて「自分にできることはなんだろうか」と質問の焦点をズラすことで、思い通りに進めることができるのです。

「すぐやる人」は、前向きないい質問によって相手の心にカチッとスイッチを入れ、物事をスムーズに進ませます。

質問はあなたに力を与えることも、力を奪うこともできるのです。

すぐやるための 3 POINT

1. いい質問は人を動かし、悪い質問は行動力を奪う
2. ポジティブな質問を繰り返せば、感情がプラスになり、脳が活性化する
3. 前向きないい質問は、相手の心にスイッチを入れる

前向きないい質問は、物事をスムーズに進める

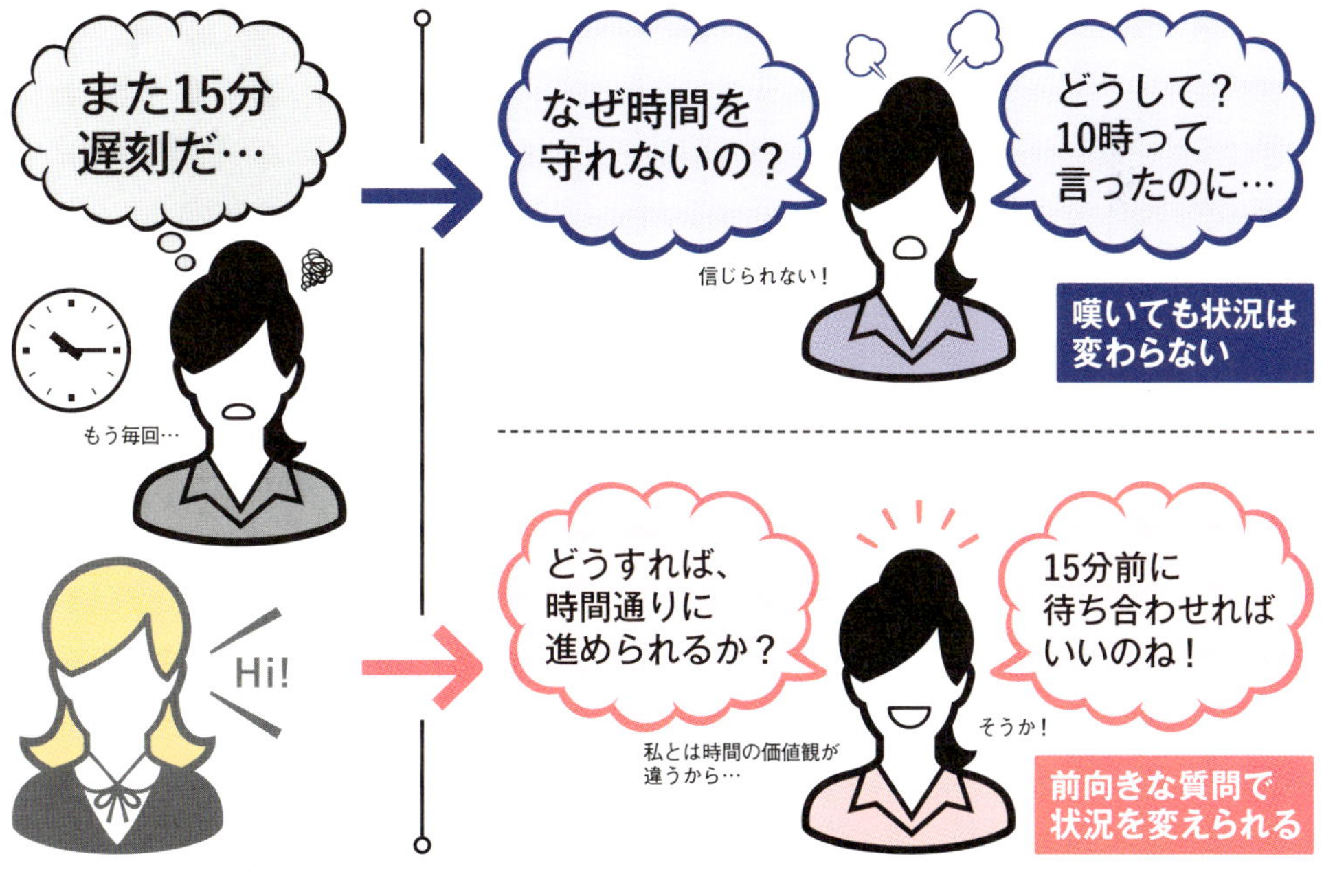

15

すぐやる人は ライバルを応援する。

やれない人は 相手の失敗を喜ぶ。

ライバルの存在が自分を高めるというモチベーションに繋がる

誰でもライバルの存在は気になるものですが、ライバルが出現したときの対処法は大きくわけると、次の2つでしょう。

歓迎するか、蹴落とそうとするか、です。

「すぐやる人」はライバルの存在を歓迎し、ライバルを応援します。一方で、「やれない人」はライバルを歓迎せず、蹴落とそうとし、ライバルの失敗を喜びます。

「すぐやる人」は**ライバルの存在を必要なもの**と考え、それによって「もっと自分を高めたい」というモチベーションに繋がると考えています。

ライバルとの良い関係がパフォーマンスの質の向上に役立つ

ニューヨーク大学のガービン・キルダフ准教授は、ライバルとの関係性が競争の中での行動を決め

すぐやる人は、ライバルを歓迎する

やれない人
失敗したぞ〜！
三振しちゃえ…
やった！
三振したぞ！
ライバルの失敗を喜び、蹴落とそうとする
すぐやる人
練習量を増やすぞ！
彼だって頑張ってるんだ！オレも頑張る！
ライバルの存在をモチベーションに繋げる

ライバルとの良い関係をエネルギーに変える

相手を蹴落とすのではなく、相手を超えるべく、切磋琢磨するのです！
オレたちはやったぞ！
ふたりとも合格圏内だ！
Aくんには負けないぞ！
Bくん、やるな！オレも負けちゃいられない！
Bくんには負けないぞ！
Aくん、頑張ってるな！オレだって！

る大きな要因であるとしています。知らない人よりも、友人のほうがライバル関係としてモチベーションにプラスの作用することも研究でわかっています。

つまり、**ライバルと良い関係を築き、お互いがお互いの心に火をつけ合うことが私たちに良い行動を促します。**

ライバルと友好な関係を築くほうが、モチベーションに良い影響を与え、パフォーマンスの質が向上します。だから「すぐやる人」はライバルと友好な関係を築こうとします。

ライバルを応援することで、自分をもっと高めることができるのです。もっと頑張ろうとアクティブに、そして前向きになれることを知っているからこそなのです。

人は人から大きな影響を受けます。心理学者アルフレッド・アドラーが「人間の悩みは、すべて対人関係の悩みである」と断言しているほど、他人との関係は日常から切り離すことができないものです。

ライバルの出現は切磋琢磨する環境を与えてくれます。その存在をエネルギーに変えることで、より行動的にアクションを起こしていくことができるのです。

必見！お役立ち COLUMN

ライバルがいたほうが記録が良くなる！

ライバルがモチベーションに影響を与えるかという研究は、1898年にさかのぼります。アメリカの社会心理学者ノーマン・トリプレットの実験では、自転車競技ではライバルがいたほうが記録が良くなることを示しました。

ニューヨーク大学の研究でも、中距離走者で同様の結果を得ています。またライバルの存在が、未来へのモチベーションにもなると言っています。

すぐやる人は 期限を自分で決める。

やれない人は 期限を守ろうとする。

すぐやる人は、時間の強制力をうまく活用できる
やれない人
期限まで
まだまだ時間は
あるから…
20日までで
いいんだから
明日からで
いいでしょ
時間があると迷いが生じ、
行動力が落ちてしまう
すぐやる人
20日
まで
仕事
18日までに
終わらせる！
よし、
今日もかなり
進んだぞ！
制限時間を意識すると
集中力が高まる

「すぐやる人」は与えられた期限よりも早い期限を再設定する

期限を守るということはビジネスだけでなく、プライベートにおいても他人と信頼関係を守るためには不可欠です。

だから、「すぐやる人」は指示や依頼を受けたときに、とにかく動き出しが早いのです。

その第一歩は、**期限を与えられたままやるのではなく、期限は自分で再設定する**ということ。

期限が差し迫った依頼であれば、時間に対しての緊張感はある程度持てます。

時間がありすぎると緊張感が薄れてしまい、なかなか取りかかれない

しかし、そうでないものの場合、時間を無限に感じていては「いつか」でよくなってしまうのは自然なことです。「やらなきゃいけないな」ということは誰もが感じていることのはずですが、テキパキと

「やる」のか「やらない」のかでは大きな差がついてしまいます。

時間がありすぎるから時間がなくなってしまうのです。制限時間を意識して仕事をする場合と、そうでない場合では、集中力の高さが変わってきます。限られた時間しかないとなった場合は、私たちはその中でできることを真剣に取捨選択するようになります。

時間が十分にあると勘違いしてしまうと、私たちの前には選択肢が増えます。「やる？ やらない？明日やれば間に合うのでは？」と、1つひとつのことに決断する機会が増えるほど迷いが生じ、行動力がぐんと落ちてしまうのです。

「ちょっとタイトだな」と感じるくらいの期限設定によって、**時間の強制力をうまく活用することで、瞬発力を高めることができる**のです。

そうすることで最初の一歩が速くなります。最初の一歩が速いとそのあとも続きやすいものです。**計画とは計画通りに進まないもの**。だから、早めに期限を設定することで、もしものトラブルがあっても対処できます。

時間の強制力を活用しながら、早く的確な取り組みをしていきましょう。

すぐやるための 3 POINT

1. 時間に余裕がありすぎると、自分の意思では動き出しにくい
2. 締切を再設定し、時間の使い方に強制力を持たせる
3. 期限を早めに設定しておけば、急なトラブルにも対処できる

突発的な事態にも対処できる

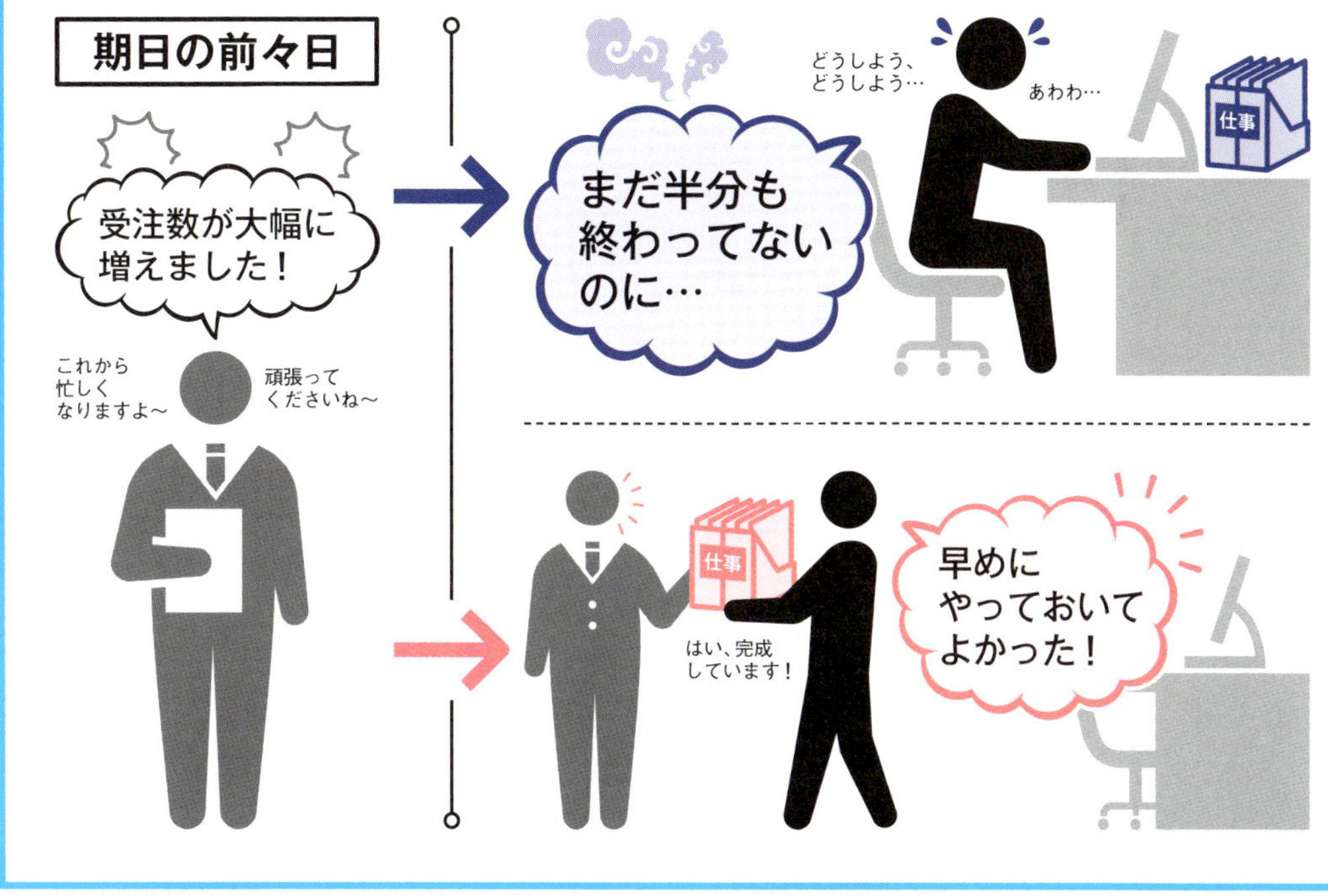
期日の前々日
受注数が大幅に増えました！
これから忙しくなりますよ〜
頑張ってくださいね〜
どうしよう、どうしよう…
あわわ…
まだ半分も終わってないのに…
仕事
仕事
早めにやっておいてよかった！
はい、完成しています！

CHAPTER 03

周囲を動かす編
復習問題

次の［　　］に当てはまる言葉は、A、Bのどちらか？

Q1

すぐやる人は
周りの人を［　　］ことに
気を配っている！

A 楽しませる
B 自在に動かす

Q2

すぐやる人は
［　　］の質問で周囲を巻き込む！

A 選択肢なし
B 選択式

Q3

すぐやる人は
［　　］な質問で状況を好転させる！

A ポジティブ
B ネガティブ

Q4

すぐやる人は
［　　］とお互いに切磋琢磨できる
関係をつくる！

A 自分の味方
B ライバル

Q5

すぐやる人は
自分で期限を［　　］！

A 決める
B 決めない

解答：Q1／A　Q2／B　Q3／A　Q4／B　Q5／A

CHAPTER

04

「すぐやる人」と
「やれない人」の習慣

感情マネジメント編

The Habits of Proactive People & Procrastinators

すぐやる人は 感情をうまく吐き出す。

やれない人は 感情を溜め込む。

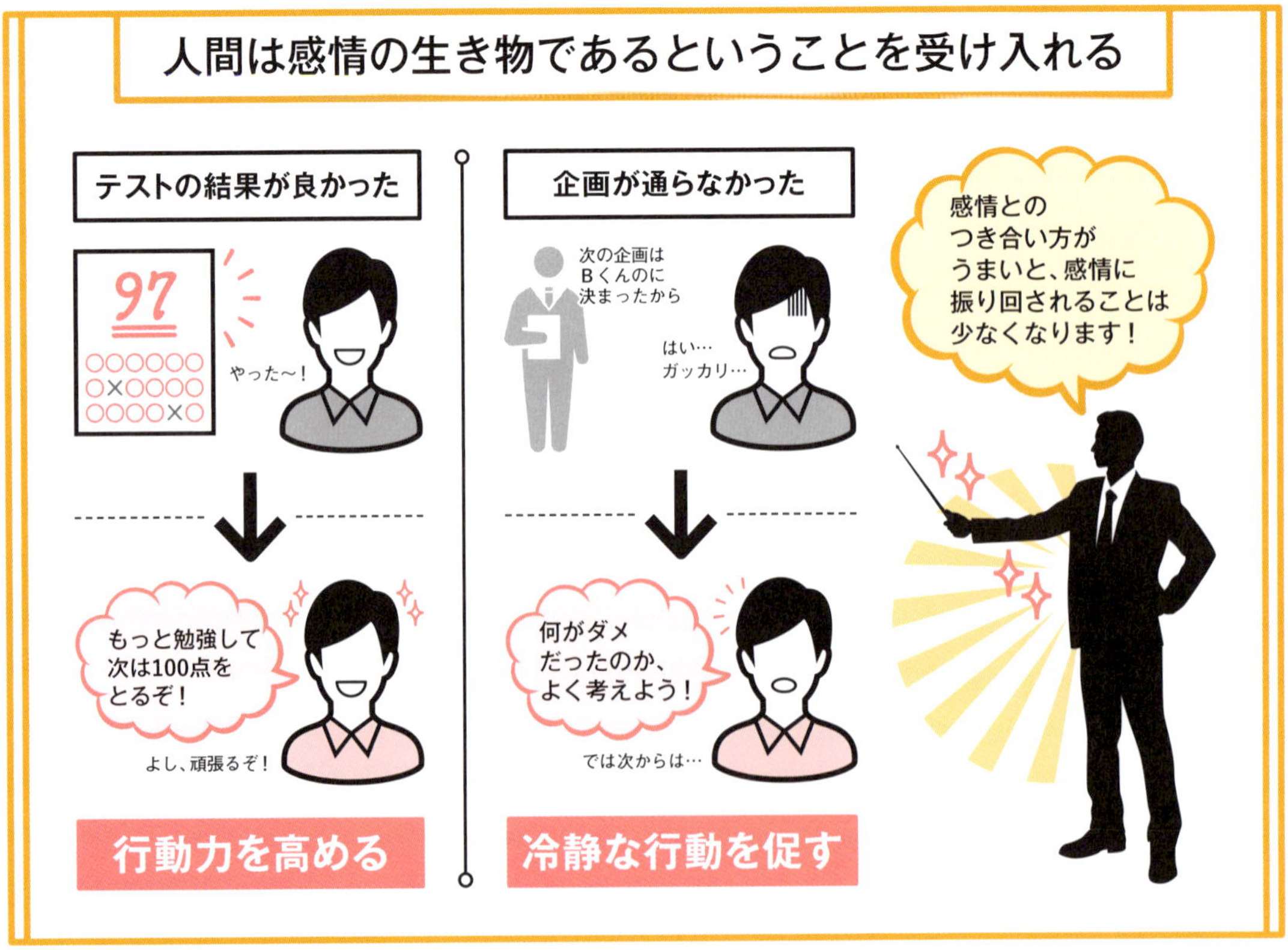
人間は感情の生き物であるということを受け入れる
テストの結果が良かった
97
やった～！
もっと勉強して次は100点をとるぞ！
よし、頑張るぞ！
行動力を高める
企画が通らなかった
次の企画はBくんのに決まったから
はい…ガッカリ…
何がダメだったのか、よく考えよう！
では次からは…
冷静な行動を促す
感情とのつき合い方がうまいと、感情に振り回されることは少なくなります！

人間は感情の生き物。私たちの行動は感情に支配されている

人は、楽しい気持ちのときは、行動力が自然と高まります。

一方で、悲しみや怒りを感じているときは、感情のコントロールが難しく、思わぬ行動をとってしまったり、何もしたくないモードに入ってしまいます。

私たちの日々の行動は感情ではなく、理性に従って生きていると感じますが、実際は思考と結びついた感情や感覚に支配されていることが、ほとんどなのです。

まず**大切なことは、人間は感情の生き物であるということを受け入れること**でしょう。

感情にはプラスとマイナスがありますが、必ずしも怒りや悲しみがマイナスに働くわけではありません。怒りの感情は、目標を達成するための原動力になる場合があります。悲しみは、ときに冷静な行動を促してくれることもあるでしょう。

ただ、不安や怒りの感情が強く

なりすぎると、挫折感や恐怖心で身動きがとれなくなることのほうが、多くなります。

感情は溜め込まずに吐き出すことでコントロールする

「すぐやる人」は感情をうまくコントロールでき、心が安定しています。感情が安定しないような出来事が起こったときにも、集中力を失わず、的確な行動がとれます。

感情は押さえ込もうとするほど勢いを増します。**感情をコントロールする最適な方法は、感情を悪とせず受け入れること。**素直に自分の感情を誰かに伝えることです。

感情は溜め込まず、吐き出す習慣を身につけましょう。

感情を頭の中で整理しようとしてもなかなかうまくいきません。だから、感じたことをどんどん紙に書き出すことが有効です。

紙に書き出すことで、少し距離をおいた視点で感情を見つめ直すことができるようになるのです。**大切なことは、感じたことをどんどん自分の中から取り出してあげること。**言語化してみることで、心に大きな余裕を生み出すことができるようになります。

すぐやるための 3 POINT

1. **人間は感情の生き物であり、行動が感情に左右される**
2. **「すぐやる人」は感情をうまくコントロールでき、心が安定している**
3. **感情は溜め込まず、すぐに吐き出す習慣を身につける**

すぐやる人は、感情を吐き出す仕組みを持っている

× やれない人
あんな言い方しなくてもいいのに！
なんで失敗ばかり…やる気が出ない…
感情を溜め込みすぎてコントロールできない
◎ すぐやる人
もう頭にきた！
なんだかモヤモヤする…
今のこの気持ちを
書き出してみよう！
感情をコントロールして心を安定させる

すぐやる人は 儀式でスイッチを入れる。

やれない人は サザエさん症候群。

「すぐやる人」は行動のスイッチとなる儀式を持っている

イチロー選手は打席に入るとき、いつでも必ず決まった一連の動作を行ないます。

このように、集中力を高め、気合いを入れるための儀式を行なうことで、重い心を動かすことができます。**儀式は行動のスイッチとなります。**

「オペラント条件付け」という言葉を聞いたことがありますか。

ある行動をしたら、自分にとって良いことが生じた。以後、その行動に対して良いイメージを持ち、積極的になる。逆に、ある行動をしたら自分にとって良くないことが生じた。以後、その行動に対して消極的になる――。

「オペラント条件付け」とは、行動とその結果の関連性を学習することです。

たとえば、「サザエさん症候群」。サザエさんの放送が終わると、「明日からまた1週間が始まる……」と憂鬱な気分になることです。サ

すぐやる人は、集中力を高める儀式を持っている

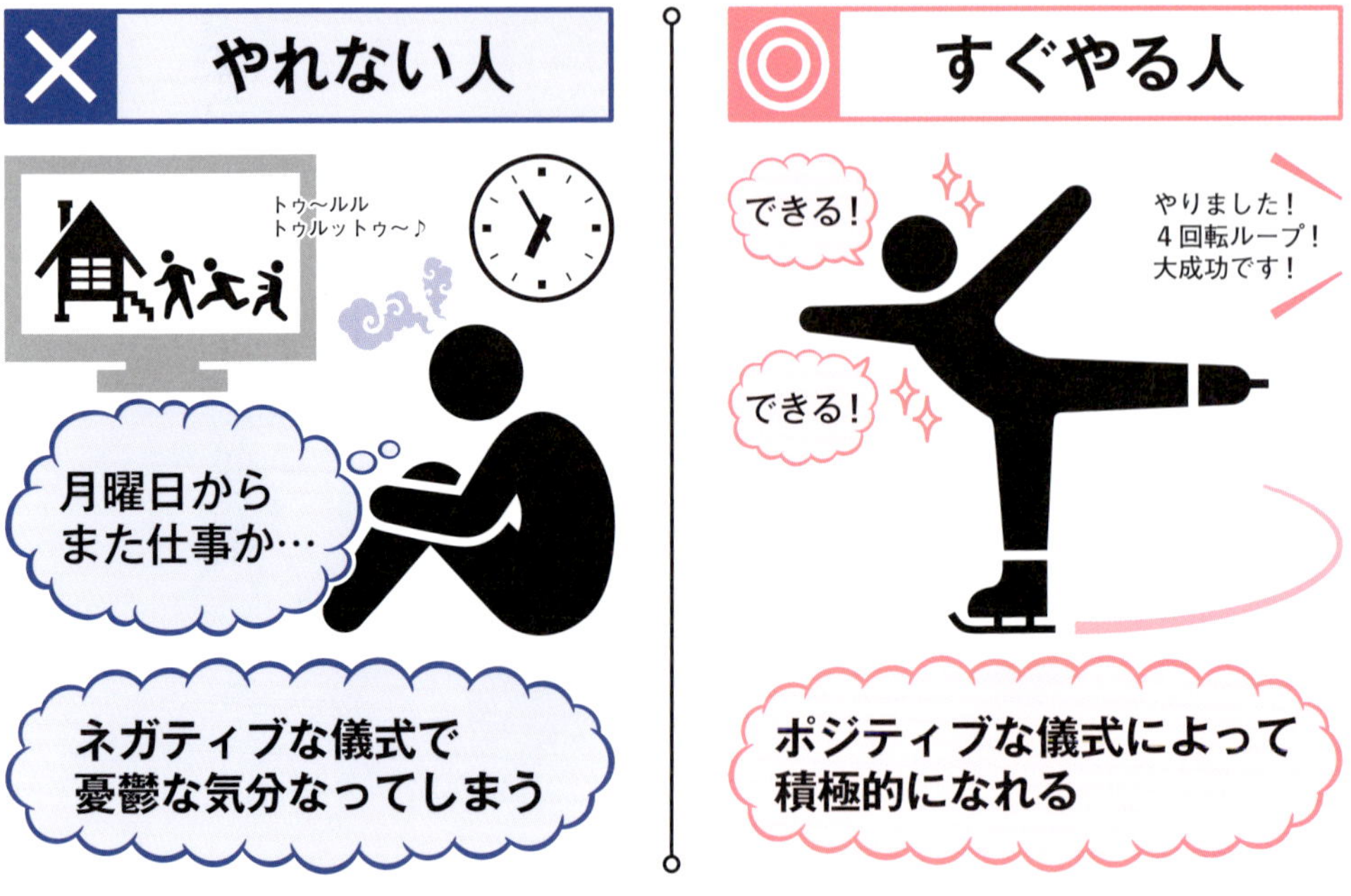
やれない人
トゥ〜ルル
トゥルットゥ〜♪
月曜日から
また仕事か…
ネガティブな儀式で
憂鬱な気分なってしまう
すぐやる人
できる！
できる！
やりました！
4回転ループ！
大成功です！
ポジティブな儀式によって
積極的になれる

ポジティブな儀式で、心のスイッチをONにする

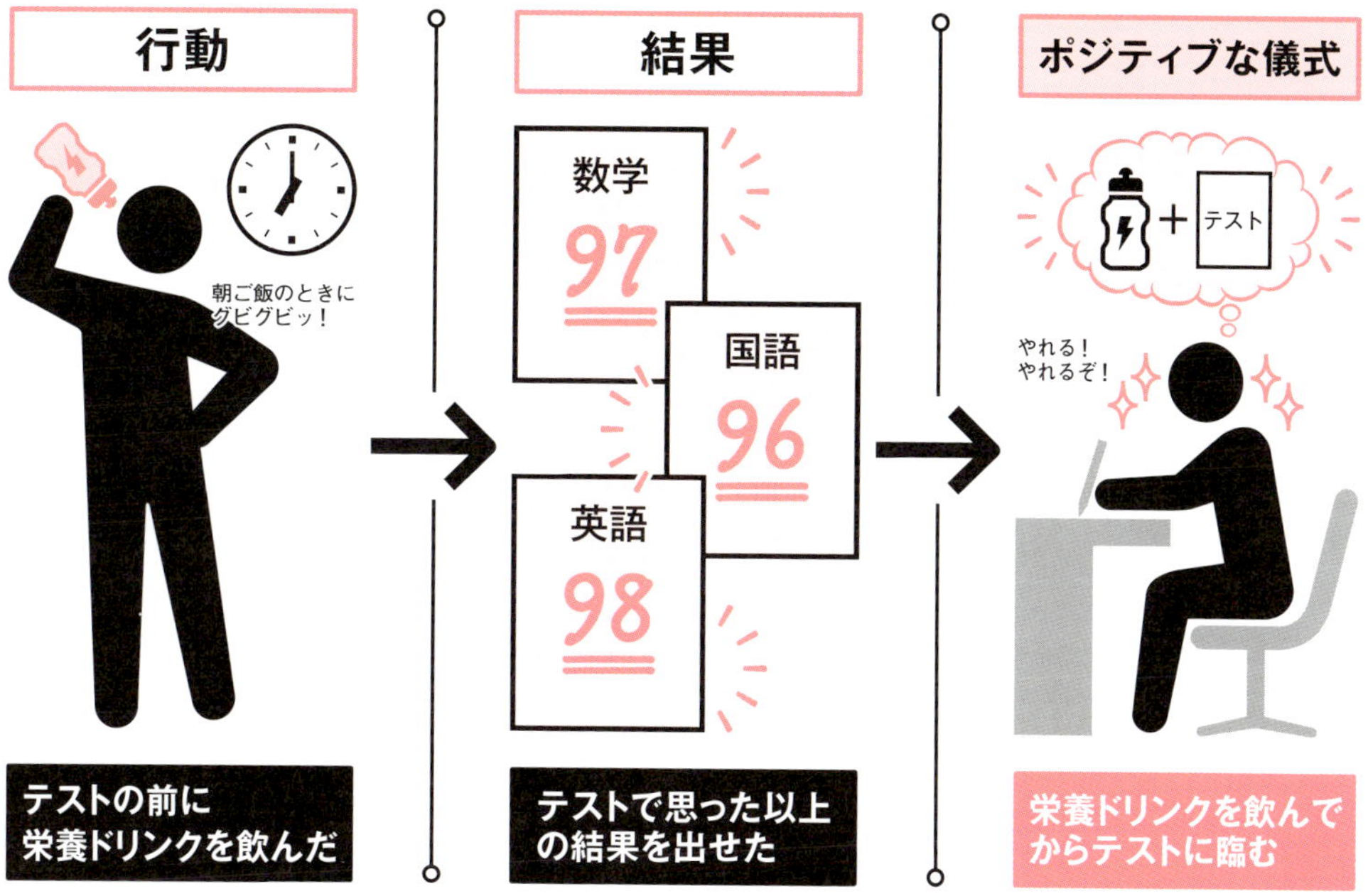

行動
朝ご飯のときにグビグビッ！
テストの前に栄養ドリンクを飲んだ
結果
数学 97
国語 96
英語 98
テストで思った以上の結果を出せた
ポジティブな儀式
テスト
やれる！やれるぞ！
栄養ドリンクを飲んでからテストに臨む

ザエさんの放送が終わるたびに、憂鬱な気分になってしまいます。

　それとは逆に、高いパフォーマンスを発揮するためには、ポジティブな儀式を取り入れると効果的です。**ポジティブな儀式によって「自分はできるのだ」と前向きなセルフイメージが頭に浮かんでくるので、積極的になれる**のです。

自分独自の儀式で心のスイッチを入れてパフォーマンスを高める

儀式は心理学的に見ても効果があるとされています。

　フィギュアスケートの羽生結弦選手はNHK杯で4回転ループを決めたとき、直前に「できる、できる、できる！」とつぶやいたことが話題になっていました。

　練習でそうつぶやいたときに完璧な成果を出せたことが、きっかけになったそうです。それによって自信がみなぎってきて、大舞台のプレッシャーに負けず、大ワザを完璧にやってのけたのです。

「すぐやる人」はそれぞれのこだわりの儀式を持っているものです。心のスイッチをONにできるよう、あなたのこだわりを持ってみましょう。

必見！お役立ち COLUMN

集中力を高める儀式で自分の夢を叶える

　私は留学中、試験の日は、朝に必ず決まった栄養ドリンクを飲んでいました。たまたま眠気覚ましのつもりで飲んだ日に、自分が思っていた以上の結果を残すことができたのがきっかけです。

　最近では、お気に入りの紅茶を飲むようにしています。イギリスでの充実した日々を思い出し、「あの頃、夢見た自分になるために、ここで踏ん張らないと」と思えるのです。

19

すぐやる人は 物語を読む。

やれない人は 映像に頼る。

すぐやる人は、直感力を鍛えている

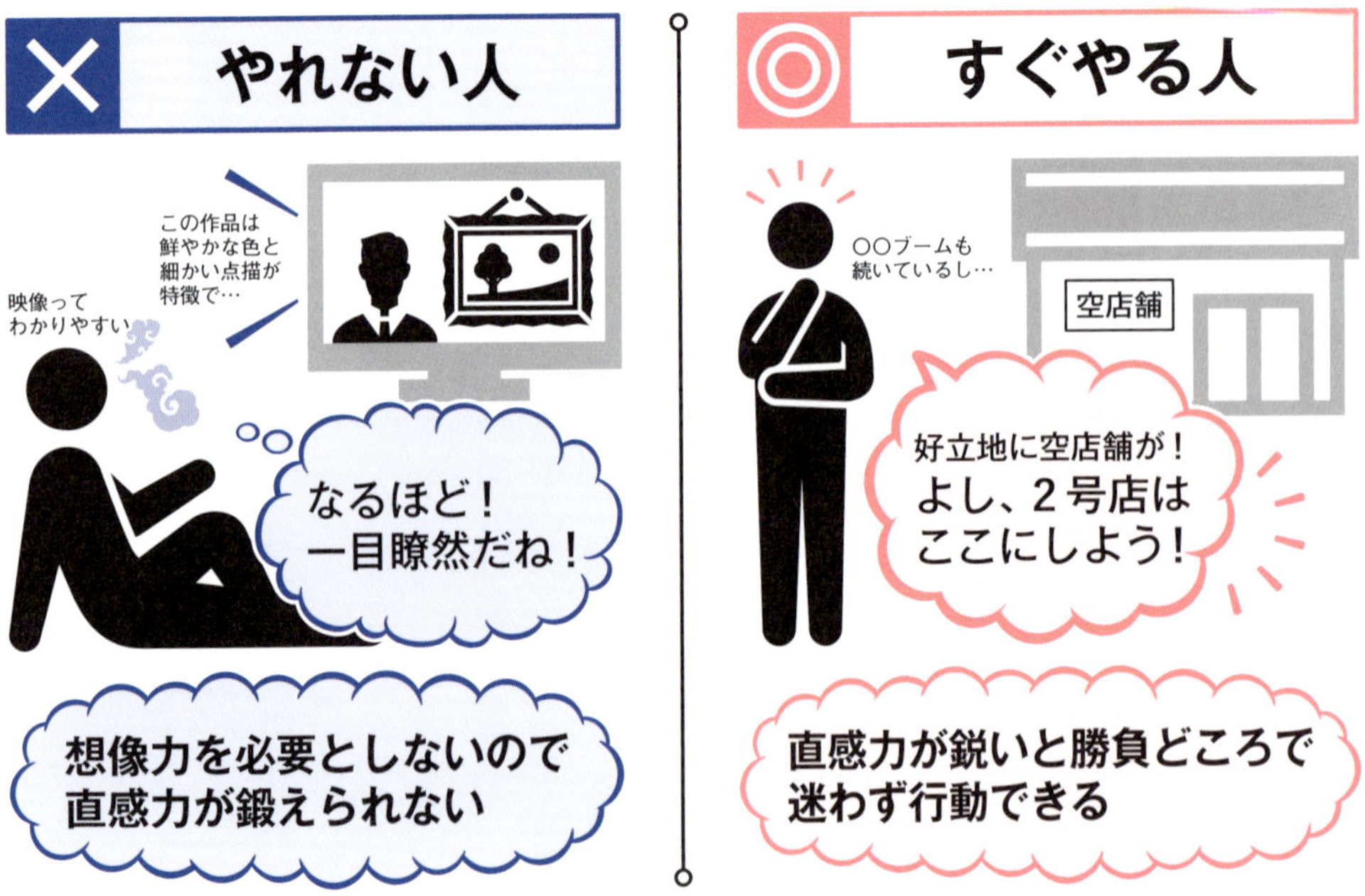
やれない人
この作品は鮮やかな色と細かい点描が特徴で…
映像ってわかりやすい
なるほど！一目瞭然だね！
想像力を必要としないので直感力が鍛えられない
すぐやる人
○○ブームも続いているし…
空店舗
好立地に空店舗が！よし、2号店はここにしよう！
直感力が鋭いと勝負どころで迷わず行動できる

直感を信じ、ここぞというときに勝負できる人ほど強い

私たちの毎日は選択の連続です。情報を徹底的に集めたり、思考に思考を重ねたりしても、意思決定することが難しい状況というのはよくあることです。

「すぐやる人」は、とにかく**直感が鋭く、チャンスを汲みわける嗅覚を持っています。**

たとえば、サッカーでは得点能力に優れたストライカーが「なぜかそこにいる」ということが頻繁におこります。迷って、判断が1秒遅れていたらゴールはあげられなかったでしょう。

まさに直感が瞬間的に働いているのです。

人生でもビジネスでも、どんなときでも、生き残る動物的な直感を持っている人は強いものです。

特に人生には浮き沈みがあります。「潮の流れ」と言ってもいいかもしれません。このような**潮を読み、ここぞというときに勝負する人はいつの時代も強い**わけです。

直感力を鍛えるために重要な2つの方法

直感力を鍛えるために重要なものを2つご紹介しましょう。

1つは、まず**経験をたくさん積むこと。**「量質転化」とも言いますが、とにかくチャレンジをたくさんすることです。量が質を産むということなのですが、とにかく経験値が必要です。そして、うまくいかなかったら、しっかりと改善策を考えることです。

もう1つは、**右脳を鍛えること。**

直感力を鍛えるためには、右脳働きを高める必要があります。

大人になると右脳を鍛えることが難しくなってしまいます。その原因の1つが、映像に頼るようになってしまうことです。映像は簡単でわかりやすく、想像することを求めません。

子供は、絵本の読み聞かせをしてもらうとき、物語を聞きながら、言葉を頼りに、頭の中でイメージを描くのです。このとき右脳は活発に動き、刺激されています。

小説や物語を楽しむには想像力が必要なので、右脳を刺激します。それは直感力を鍛えるための最高のトレーニングでもあるのです。

必見！お役立ち COLUMN

世界で活躍する成功者たちも直感を大切にする

「心と直感に従う勇気を持ちなさい。それは、あなたのなりたいものが何なのか知っているものだ。それ以外は、二の次でいい」と言ったのは、あのスティーブ・ジョブズです。

将棋の羽生善治さんは、「直感の7割は正しい」と仰っていますが、これはあてずっぽうからくるものではなく、思考に思考を重ね、たくさんの経験を蓄積しておくからこそ、ふとした瞬間に直感が働くのだそうです。

直感力を鍛えるための2つの方法

直感力が磨かれているからこそ、いざというときに反応できるのです！
1 経験をたくさん積む
量をこなすと…
その過程で…
質が高まる！
これが「量質転化」！
量をこなす&改善策を考えることが大切！
2 右脳を鍛える
芸術的思考
右脳
左脳
論理的思考
小説
小説や物語を楽しむと、右脳が刺激される！

20

すぐやる人は 根拠なき自信を持つ。

やれない人は 自分を否定する。

自信が持てないと「現状維持バイアス」に陥ってしまう

自分に自信が持てない人が増えています。自信が持てないから、一歩踏み出せず、ここぞというときに後ずさりしてしまいます。

踏み出すべきときに、停滞を生み出す原因となりかねません。そして、その自分にまた自信を失ってしまうという悪循環を招きます。

日本青年研究所の調査（2011年）で、「私は価値がある人間だと思うか」という質問を高校生にしたところ、アメリカでは57%、中国では42%が「はい」と答えました。一方で、日本では、8%しか「はい」と答えなかったのです。

「自分なんて」「どうせ無理だ」といった思考パターンが染みついているのです。これだと、チャレンジするどころか、**リスクに対して臆病になってしまい、嫌なことは先送りにしてしまいます。**

行動経済学では、新しいものにチャレンジせず現状維持をしていたいという心理状態を「現状維持

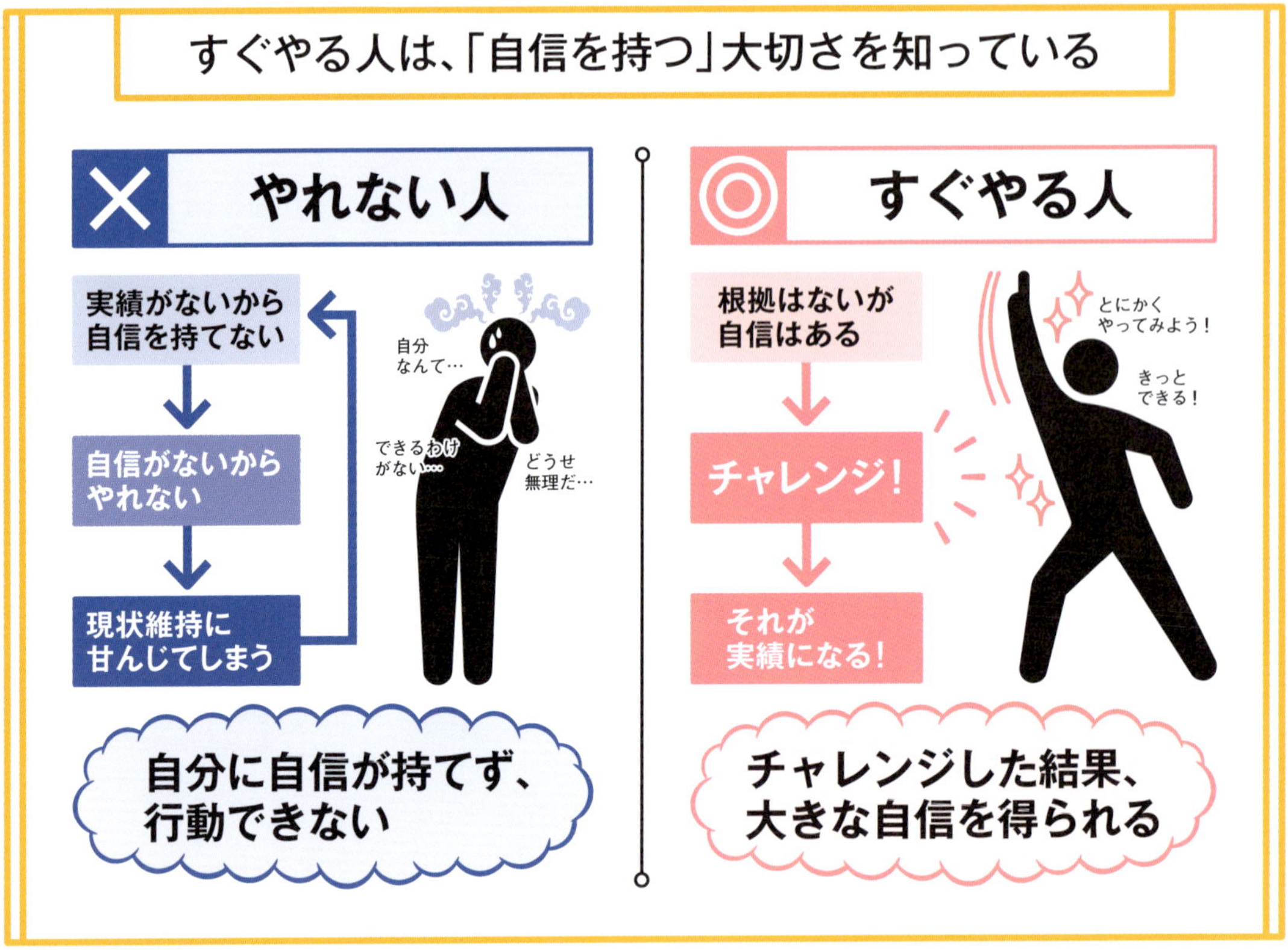

「根拠なき自信」が、自信をつける第一歩

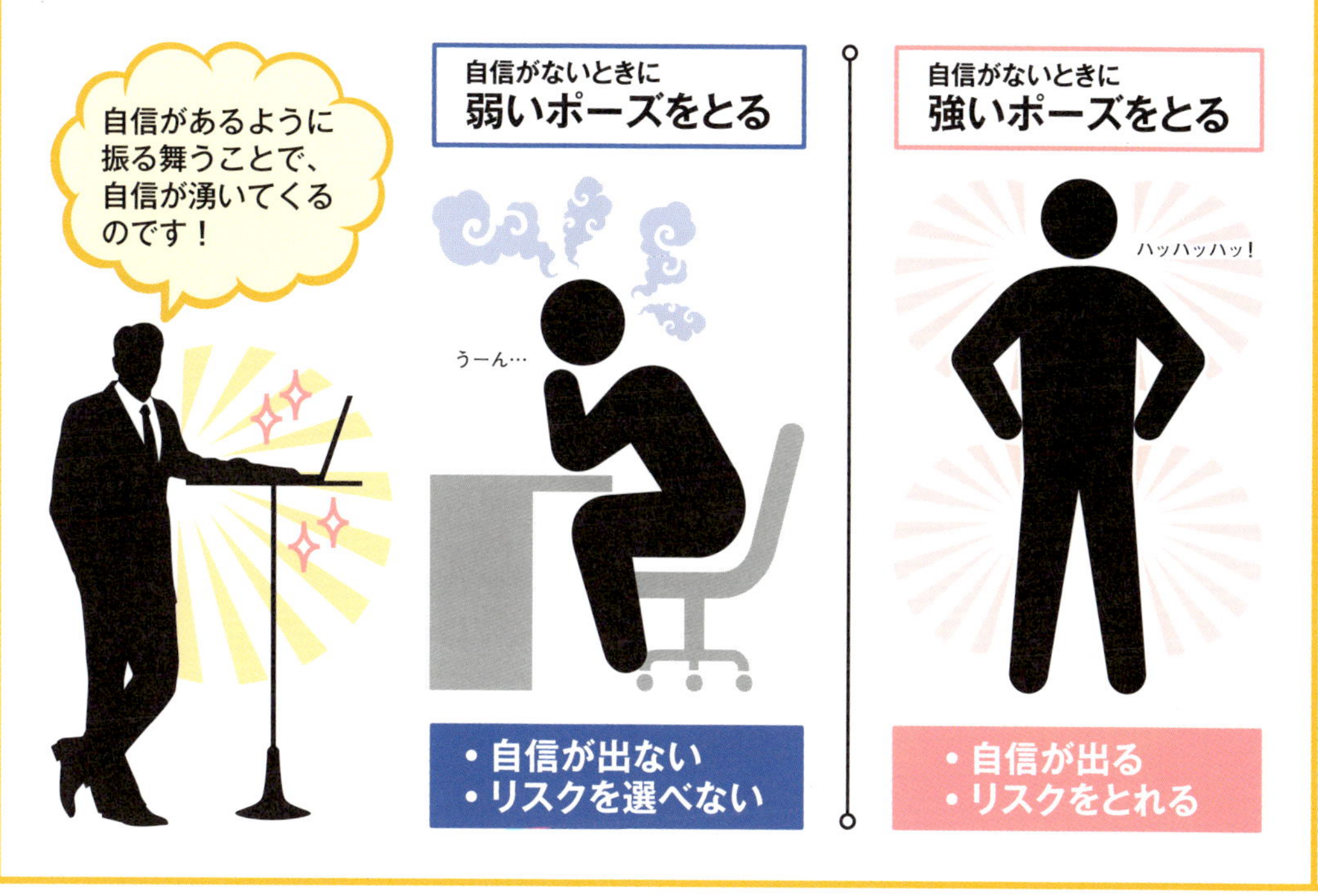
自信があるように振る舞うことで、自信が湧いてくるのです！
自信がないときに
弱いポーズをとる
うーん…
・自信が出ない
・リスクを選べない
自信がないときに
強いポーズをとる
ハッハッハッ！
・自信が出る
・リスクをとれる

バイアス」と呼びますが、それに拍車をかけるのが自信の欠如です。「やれない人」は「実績がないから自信が持てない」と考え、現状維持に甘んじてしまいます。

一方で、「すぐやる人」は「**自信さえ持っていれば、実績はあとからついてくる**」と考えます。もっと言うと、「**やるから自信がつく**」のです。

自信があるように振る舞うことで大きな自信を得られる

社会心理学者のエイミー・カディは、「自分のなりたい姿になりきってみることは実際にそうなるまでのプロセスである」と言います。

彼女のチームの研究では、自信がないときに強いポーズをとると、自信が出たり、リスクを進んでとれるようになることがわかりました。反対に弱いポーズをやると、まったく逆の反応が見られたのです。**自信があるように振る舞うことで自信が湧いてくる、そしてストレスが減少する**ということがわかったのです。

「根拠なき自信」が、大きな自信をつけるための第一歩なのかもしれません。

必見！お役立ち COLUMN

根拠なき自信でチャレンジしたら認められた

34ページでお話しした、世界最高の振付師トラヴィスさんの通訳を担当したとき、私の通訳としての実績はゼロでした。しかし私は、「結局は同じ人間でしかない。誰かにできることは、自分にもできる」と考えました。

すると、自信が湧いてきて、周囲からもご本人からも認めてもらうことができました。

それ以降は、どんなに緊張する場面でも乗り越えられる自信がついたのです。

21

すぐやる人は 言葉の力を信じる。

やれない人は 言葉をおろそかにする。

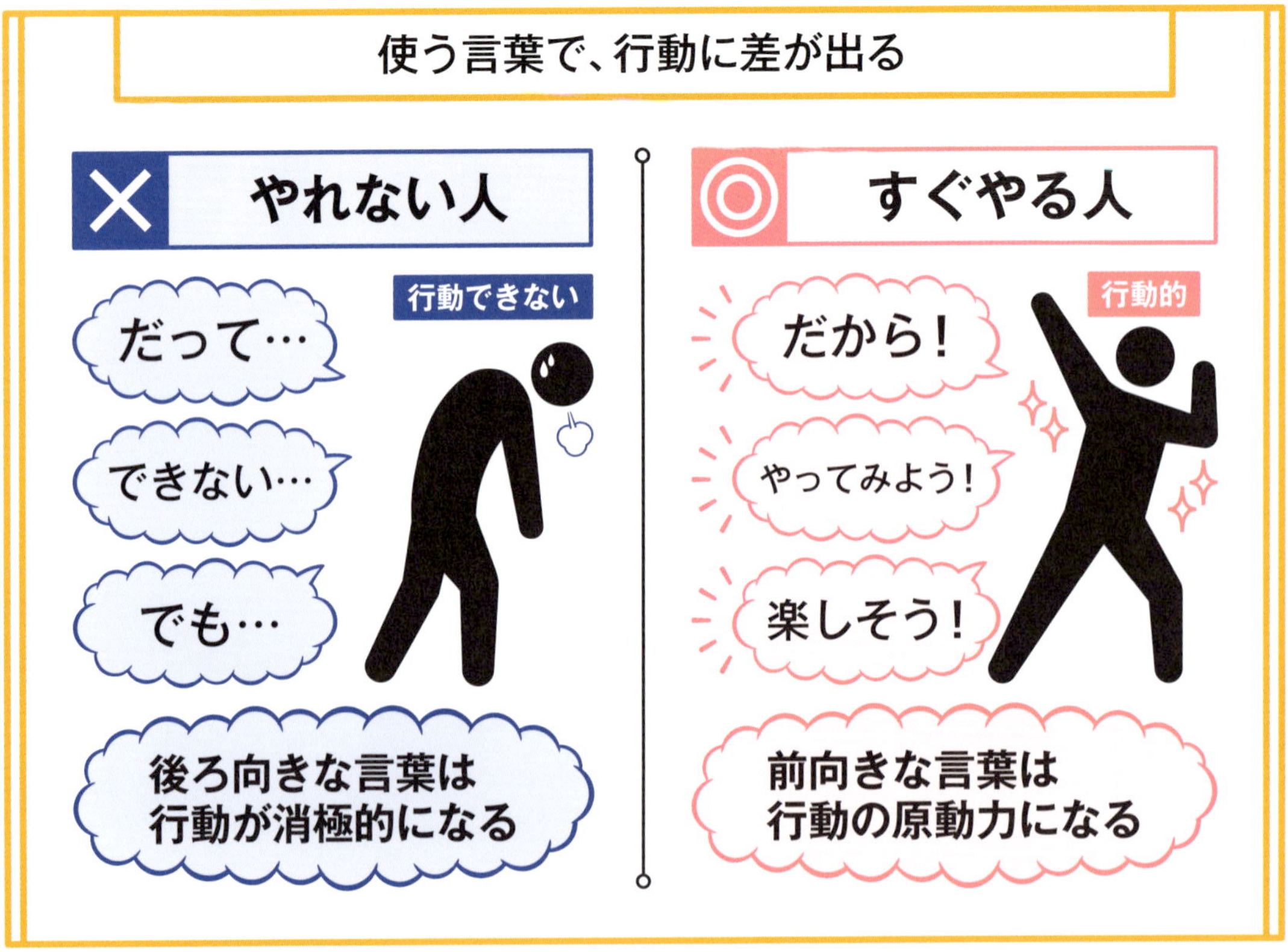

使う言葉次第で行動を積極的にも消極的にもできる

「言霊（ことだま）」とは、口にした通りの現実を引き寄せる、言葉に宿っている力のことで、日本では古くから「良き言の葉は良きものを招き、悪き言の葉は災いを招く」と考えられてきました。

「すぐやる人」は言葉の力を信じているので、前向きな言葉を意識的に使っています。

「できない」「だって」と言い訳する代わりに、「だから、次は」と前向きに捉えます。なぜなら、**後ろ向きな言葉を使うと、行動が消極的になってしまう**からです。

「やれない人」は後ろ向きの言葉を多く使い、言葉の持つ影響力に注意を払いません。

人は、無意識のうちに触れる言葉の影響を受けている

心理学者であるリチャード・ワイズマン教授の研究によると、**私**

たちは触れる言葉の影響を無意識的に受けていることがわかっています。

単語が書かれた複数のカードを、文章になるように、速く正確に並べ替える実験を行いました。1回目の実験では、「若い」や「素早い」といった単語のカードを用意し、2回目の実験では、「年老いた」や「遅い」といった単語のカードを用意しました。

そのあとで、被験者の歩く速さを測定すると、「若い」や「素早い」という単語カードを使った1回目の被験者のほうが、歩くスピードが速くなったのです。

つまり、ポジティブな言葉もネガティブな言葉も、どちらも私たちの気づかないところで影響力を持っているということなのです。

言葉には影響力があります。何度も何度も前向きな言葉のパターンを繰り返すことで、脳内に新しい回線が作られていきます。

また、心の中でつぶやくよりも、声に出すことはモチベーションを高める効果もあります。

「楽しそう。でも、今は時間がない」を「楽しそう。だから、時間を作ってみよう」。

まずは、**「でも」を「だから」に変えてみましょう。**

すぐやるための 3 POINT

1. **言葉は、人の感情や行動に無意識のうちに影響を与えている**
2. **前向きな言葉を使うと、行動も前向きになる**
3. **言い訳する前に、「でも」を「だから」に言い換えてみる**

人は、触れる言葉から影響を受ける

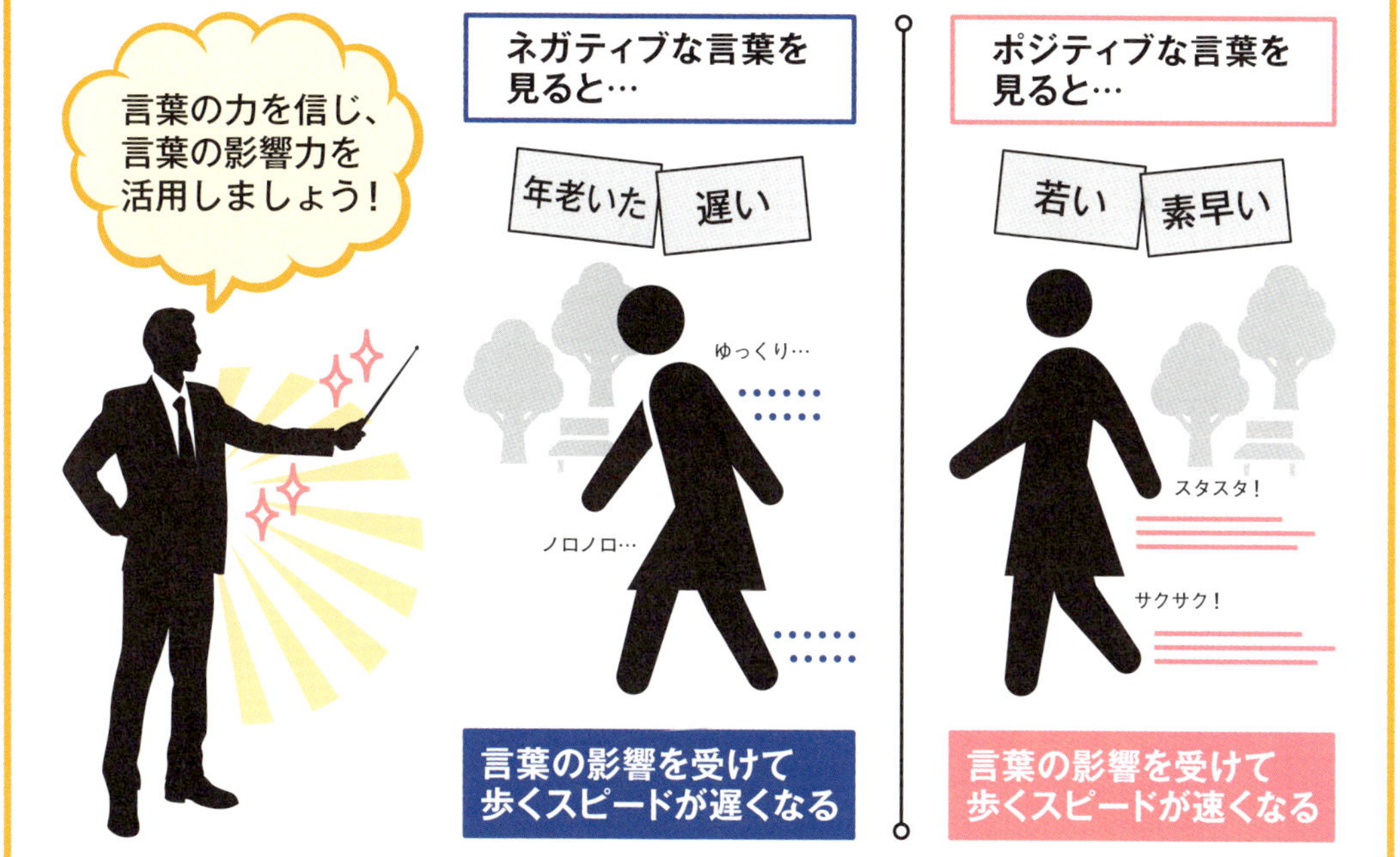
言葉の力を信じ、言葉の影響力を活用しましょう！
ネガティブな言葉を見ると…
年老いた
遅い
ゆっくり…
ノロノロ…
言葉の影響を受けて歩くスピードが遅くなる
ポジティブな言葉を見ると…
若い
素早い
スタスタ！
サクサク！
言葉の影響を受けて歩くスピードが速くなる

CHAPTER 04

感情マネジメント編

復習問題

次の□に当てはまる言葉は、A、Bのどちらか？

Q1

すぐやる人は

ちょっとした感情でも、すぐに□仕組みを持っている！

A 吐き出す

B 我慢する

Q2

すぐやる人は

集中力を高める□を持っている！

A 儀式

B お金

Q3

すぐやる人は

潮の流れを読むために、□を鍛えている！

A 運動神経

B 直感力

Q4

すぐやる人は

とにかく□を持ってみることの大切さを知っている！

A 自信

B 不信感

Q5

すぐやる人は

□を発したり、使っている！

A 前向きな言葉

B 消極的な言葉

解答：Q1／A　Q2／A　Q3／B　Q4／A　Q5／A

CHAPTER 05

「すぐやる人」と「やれない人」の習慣

体調管理編

The Habits of Proactive People & Procrastinators

22

すぐやる人は 積極的な休みを楽しむ。

やれない人は 休養で疲労を溜める。

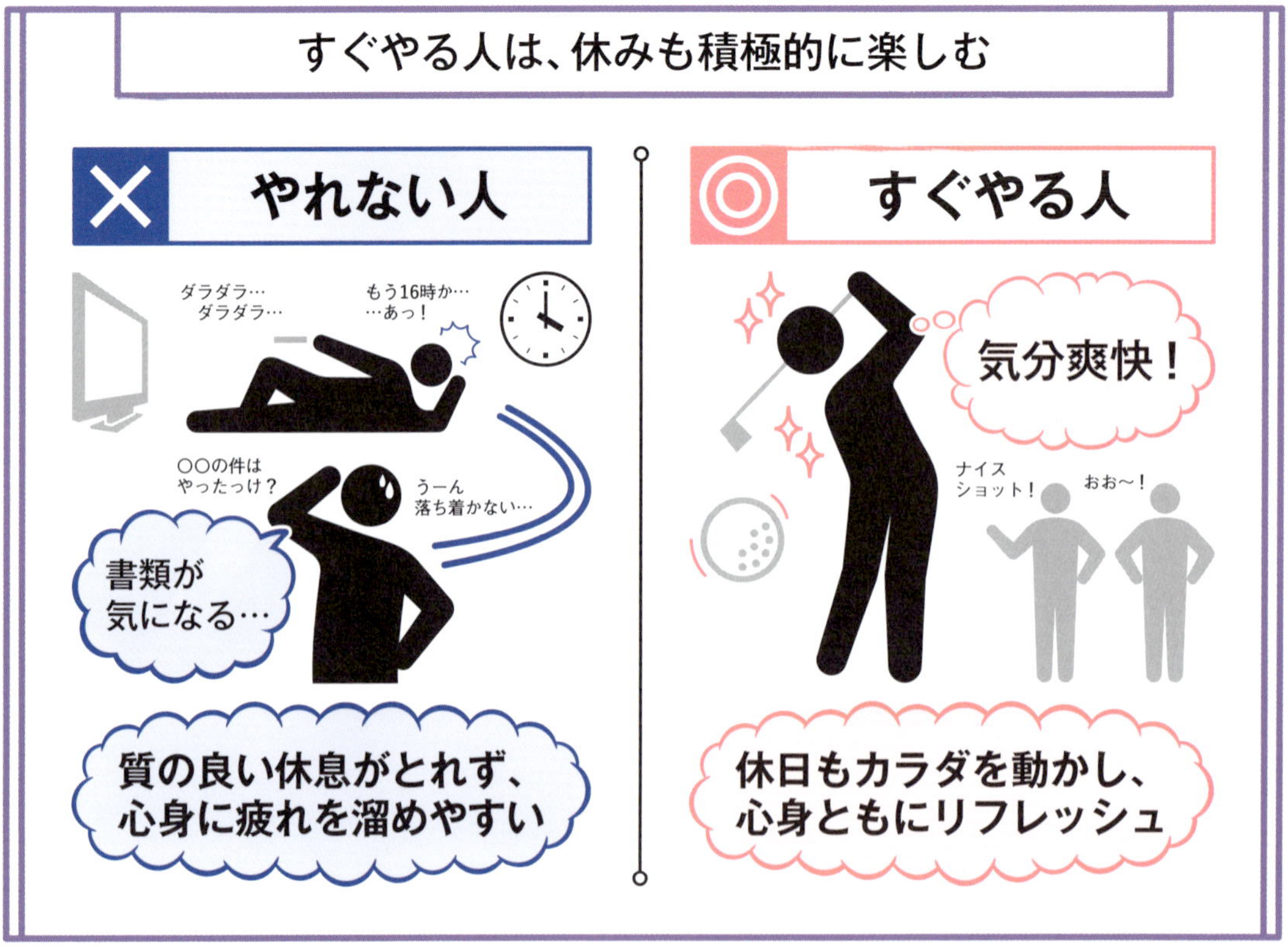
すぐやる人は、休みも積極的に楽しむ
やれない人
ダラダラ…
ダラダラ…
もう16時か…
…あっ！
○○の件は
やったっけ？
うーん
落ち着かない…
書類が
気になる…
質の良い休息がとれず、
心身に疲れを溜めやすい
すぐやる人
気分爽快！
ナイス
ショット！
おお〜！
休日もカラダを動かし、
心身ともにリフレッシュ

心身ともにリフレッシュできる休日の過ごし方

皆さんは休日をどのように過ごしていますか。

休日の質が高く、心身ともにリフレッシュできていると、集中力がみなぎり、常に一歩先の仕事を見据えて取り組んでいくことができます。

スポーツの世界では**「アクティブレスト」**という言葉が有名です。文字通り**アクティブに活動しながら、心身のリフレッシュを図る**という意味です。疲れたカラダをほぐすようなイメージです。

アクティブレストの狙いは、全身の血行を良くすることと筋肉のケアにあります。軽めの有酸素運動で呼吸循環器系を活発化し、疲労回復を早めます。意志力の低下の原因でもある疲労物質の乳酸を効果的に体外へ排出することができて、疲労回復に繋がるのです。

ダラダラと休日を過ごすことのすべてが悪いのではありません。確かにそういう時間も大切ではありますが、軽いエクササイズをしたほうがカラダも心の疲労も回復することがわかっています。

脳細胞を元気にするためには、運動と休養の両立が必要なのです。

「アクティブレスト」は心とカラダを回復させ、行動力を発揮する

「すぐやる人」の多くは休日に積極的にカラダを動かします。

ただ、アクティブレストと言っても、激しい運動をする必要はありません。あまりにも激しい運動をすると乳酸が溜まってしまう原因となり、休養ではなくなってしまいます。

気持ちいいと感じる程度のウォーキングやジョギングで十分です。時間は10分~15分程度を目安とし、自分の状況に合わせて行ないましょう。

特に、ウォーキングや軽いジョギングなど、一定のリズムでの運動を続けると、セロトニンが脳内で多く分泌されて、それによってリフレッシュすることができることもわかっています。

つまり、**アクティブレストは心の疲れにも効果が期待できる**というわけです。

すぐやるための3 POINT

1. 質の高い休日が集中力を高め、行動力を発揮する
2. 軽いエクササイズをしたほうが、カラダも心の疲労も回復する
3. 一定のリズムで運動すると、心もリフレッシュできる

「アクティブレスト」で心もカラダもリフレッシュ

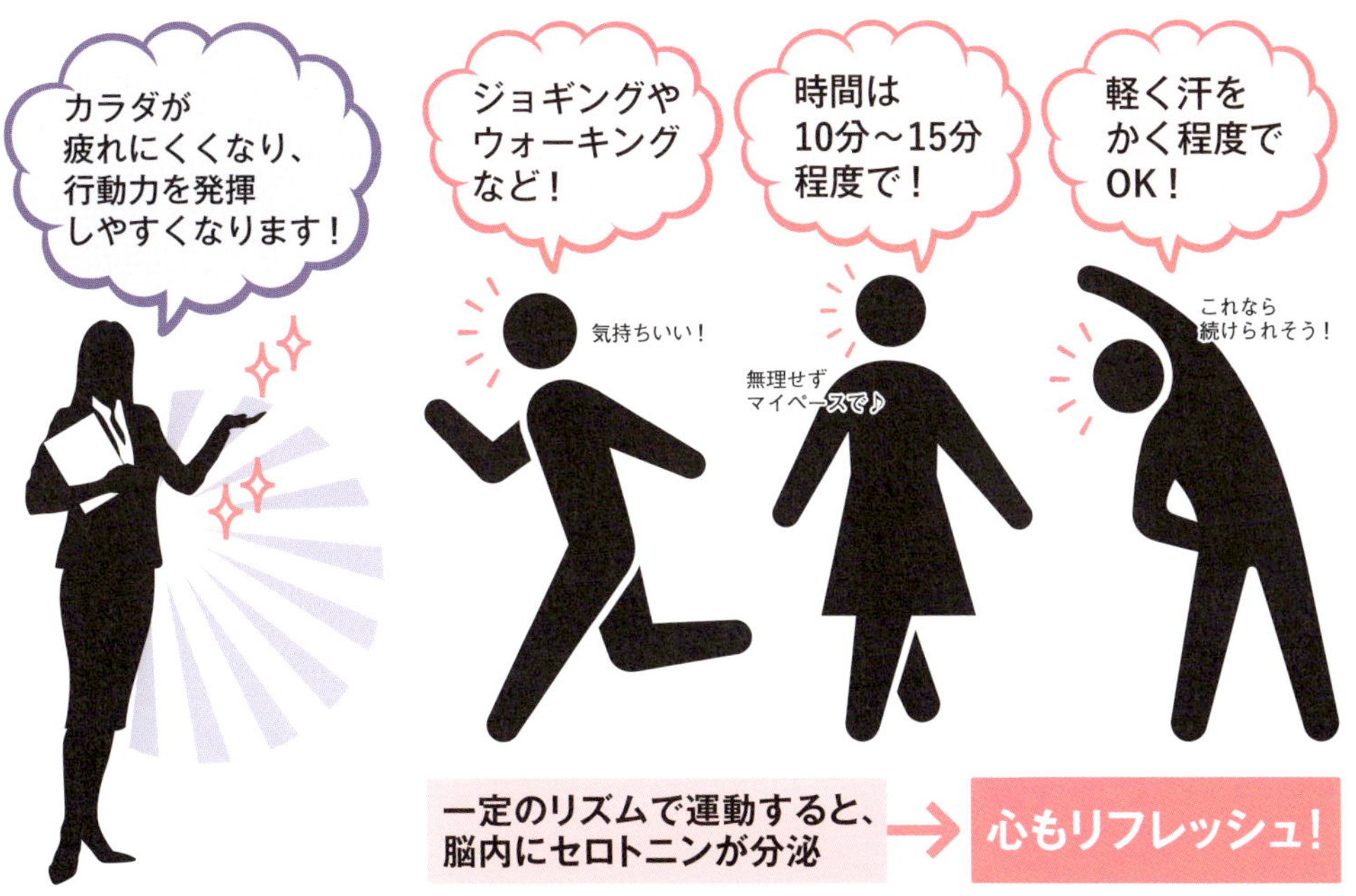
カラダが疲れにくくなり、行動力を発揮しやすくなります！
ジョギングやウォーキングなど！
時間は10分～15分程度で！
軽く汗をかく程度でOK！
気持ちいい！
無理せずマイペースで♪
これなら続けられそう！
一定のリズムで運動すると、脳内にセロトニンが分泌
心もリフレッシュ！

23

すぐやる人は 朝を大切にする。

やれない人は 夜が遅い。

夜は脳も疲れているので クリエイティブな 仕事には向かない

頑張ろうとしても、時間だけが経過して結局進まなかった……特に、夜にそのパターンになることが多くありませんか？

夜は脳も身体も疲れているので、クリエイティブな仕事や新しいことにチャレンジするためのエネルギーが残っていません。そのため、「すぐやる人」や成功している人たちは早起きを習慣化しています。

スターバックスコーヒーの創業者、ハワード・ショルツさんは4時半に起き、ナイキのCEO、マーク・パーカーさんは5時に起床します。

皆さんの知っている**世界のトップ・リーダーたちに共通することは、早起きである**ということです。『What the Most Successful People Do Before Breakfast』（成功者は朝食をとる前に何をしているのか）の著者である、Laura Vanderkamさんは「早朝は『意思の力の供給』が一番高まる時間

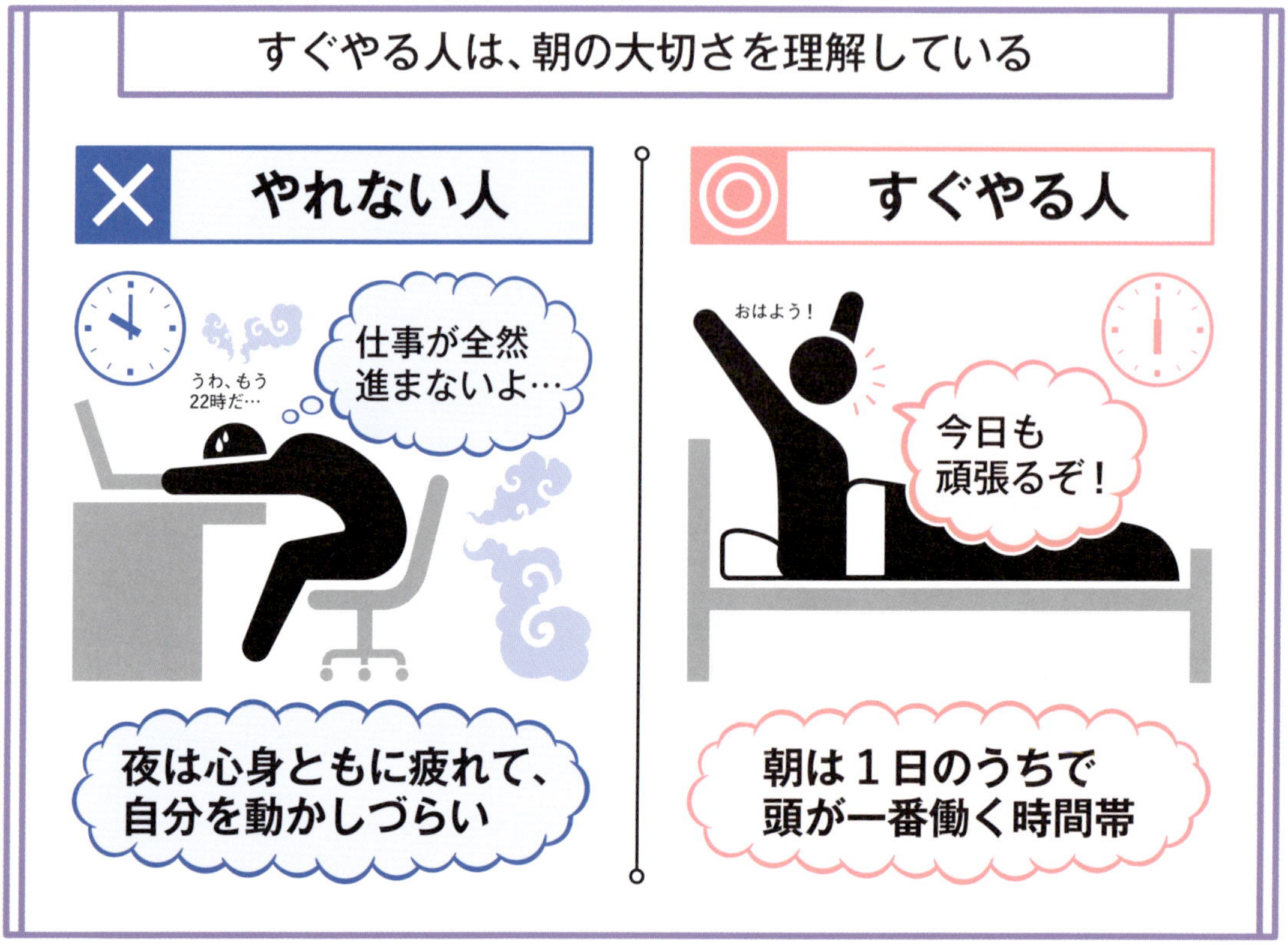
すぐやる人は、朝の大切さを理解している
やれない人
うわ、もう22時だ…
仕事が全然進まないよ…
夜は心身ともに疲れて、自分を動かしづらい
すぐやる人
おはよう！
今日も頑張るぞ！
朝は１日のうちで頭が一番働く時間帯

朝の時間を効率的に使う

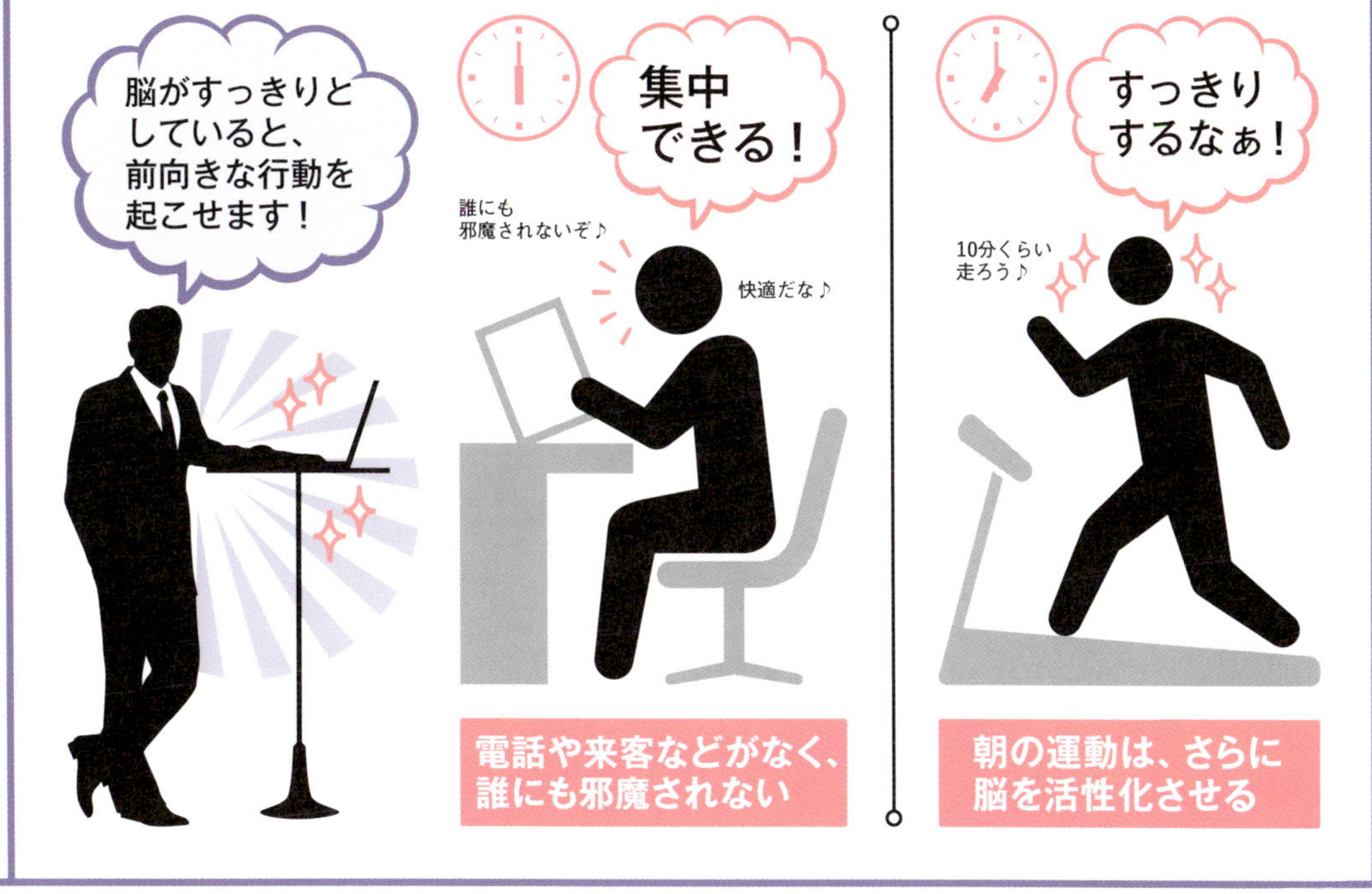

脳がすっきりとしていると、前向きな行動を起こせます！
集中できる！
誰にも邪魔されないぞ♪
快適だな♪
電話や来客などがなく、誰にも邪魔されない
すっきりするなぁ！
10分くらい走ろう♪
朝の運動は、さらに脳を活性化させる

だ」と述べています。

「すぐやる人」は朝の大切さを理解しているのです。

朝は1日の中で脳が一番活発に働く価値のある時間帯

海外に行くと、朝早くから散歩をするのですが、驚かされるのは朝の6時30分でも、ジムでたくさんの人が汗を流していることです。

まず、**脳は朝起きてから2～3時間を経過したあたりが一番活発に活動する**ことがわかっています。

だから、クリエイティブな仕事や、最重要事項にあたるようなタスクをこなすとスムーズに進みます。また、読書などのインプットに活用するのもいいでしょう。

誰にも邪魔されない時間を確保できるのもメリットです。

朝の1時間の使い方は1日の使い方を決めると言ってもいいくらいです。

また、ストレッチや10分程度の軽いジョギングやウォーキングを行なうだけで、さらに脳が活性化することもわかっています。

驚くほど脳がすっきりとした状態なので、どんどん前向きな行動を起こすことができます。

すぐやるための 3 POINT

1. 世界のトップリーダーたちは早起きを習慣化している
2. 脳は朝起きてから２～３時間が一番活発に活動する
3. 軽い運動を組み合わせると、さらに脳が活性化される

24

すぐやる人は 腹八分目まで食べる。

やれない人は 満腹になるまで食べる。

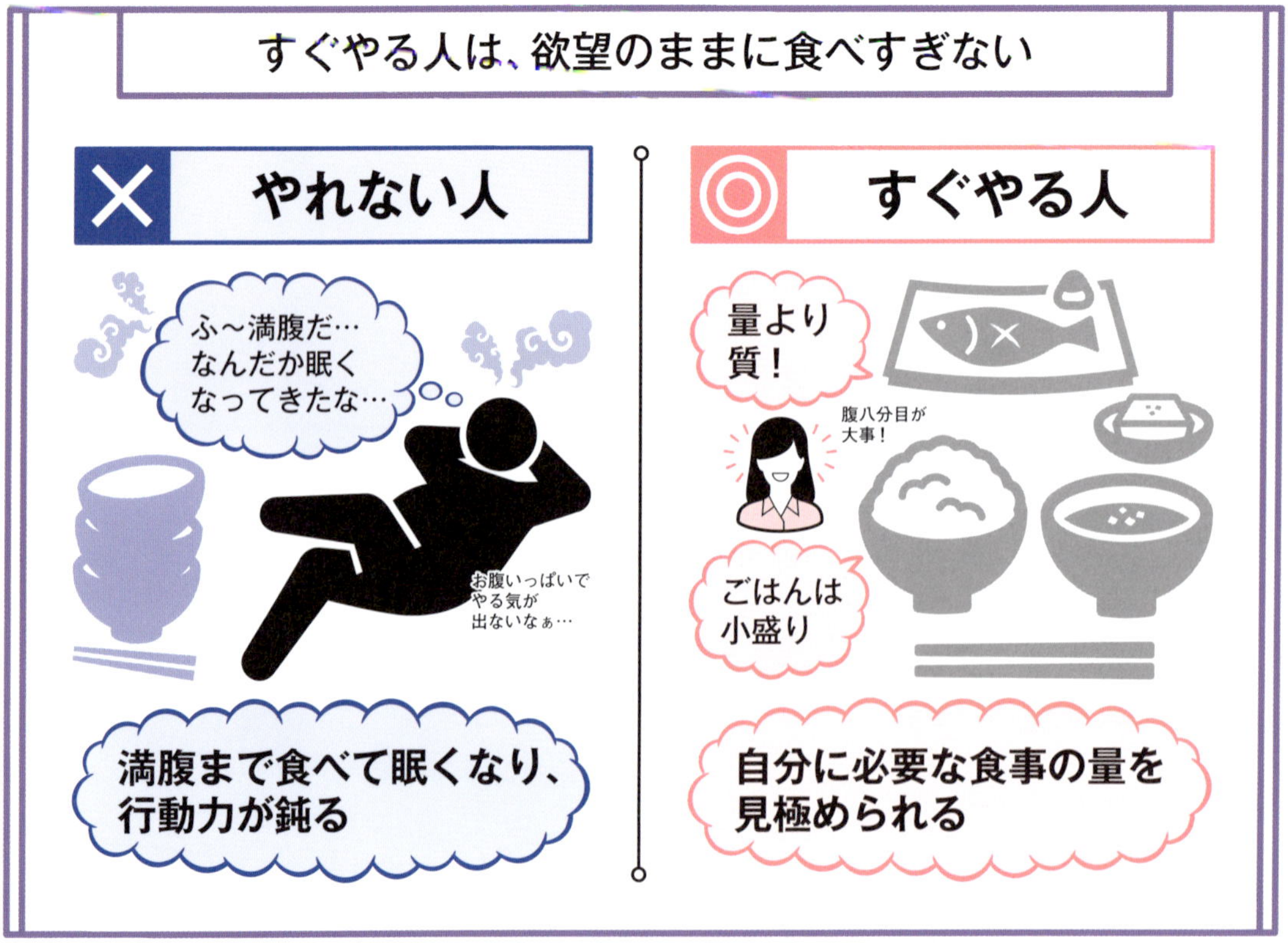
すぐやる人は、欲望のままに食べすぎない
やれない人
ふ～満腹だ…
なんだか眠く
なってきたな…
お腹いっぱいで
やる気が
出ないなぁ…
満腹まで食べて眠くなり、
行動力が鈍る
すぐやる人
量より
質！
腹八分目が
大事！
ごはんは
小盛り
自分に必要な食事の量を
見極められる

満腹になると眠くなり、ぼんやりとするのはホルモンのせい

満腹になるとセロトニンという脳内物質が分泌されます。セロトニンは、睡眠導入の効果があるメラトニンの分泌を促し、眠気を強める働きをします。

満腹になるまで食べると眠気が増し、行動力が鈍るのはそのせいなのです。

「すぐやる人」は**食事を楽しみますが、腹八分目で食事を終えます。**量よりも質にこだわった食事をすることで、心を満たしながら、食欲を満足させています。

また、急激な血糖値の上昇を防ぎ、胃腸への負担も減らすことができます。

高すぎるBMI値が記憶力や行動力を低下させてしまう

食べすぎると記憶力が低下してしまうので、学習能力が低下してしまうこともわかっています。

ケンブリッジ大学のチームが心理学誌に発表したのですが、肥満度を示す体格指数（ＢＭＩ）が高くなればなるほど、記憶力が悪くなるというのです。肥満の問題で言えば、昨晩の食事の内容と食べた量を鮮明に思い出せるかどうかに関係してきます。

あるテストの結果、肥満の人は標準体重以下の人に比べ、平均で15％も成績が悪かったそうです。

お腹がいっぱいになると、脂肪細胞から「満腹ホルモン」と呼ばれるレプチンが分泌され、「満腹だよ」と脳に指令が伝わり食欲を抑えるのですが、肥満の人はレプチンの分泌がうまくいかず、満腹感を感じづらいがために食べ過ぎてしまうようなのです。

そして、このレプチンは記憶力にかかわる「学習ホルモン」でもあるのです。

太っている人は、食べたものへの意識が曖昧になってしまうので、間食が増えてしまい、食べ過ぎてさらに太り、レプチンの分泌を乱して食べる量をコントロールできなくなります。

自分の行動をしっかりと把握することができなくなるリスクが高まり、これがさらなる先延ばし思考を引き起こしてしまうのです。

必見！お役立ち COLUMN

お腹に余裕を残しておくと心の余裕に繋がる

私は太りやすい体質なので、満腹まで食べることを数回繰り返すと、満腹感を感じづらくなり、結果、脂肪が増えて、自分自身のコントロールを失っていました。しかし、「腹八分目」を意識づけると、常に自分をコントロールできている感覚を得られ、常に余裕を持った行動ができるようになりました。

お腹の余裕が心の余裕にも繋がり、より的確な判断ができるようになるのです。

食べすぎは、記憶力を低下させる

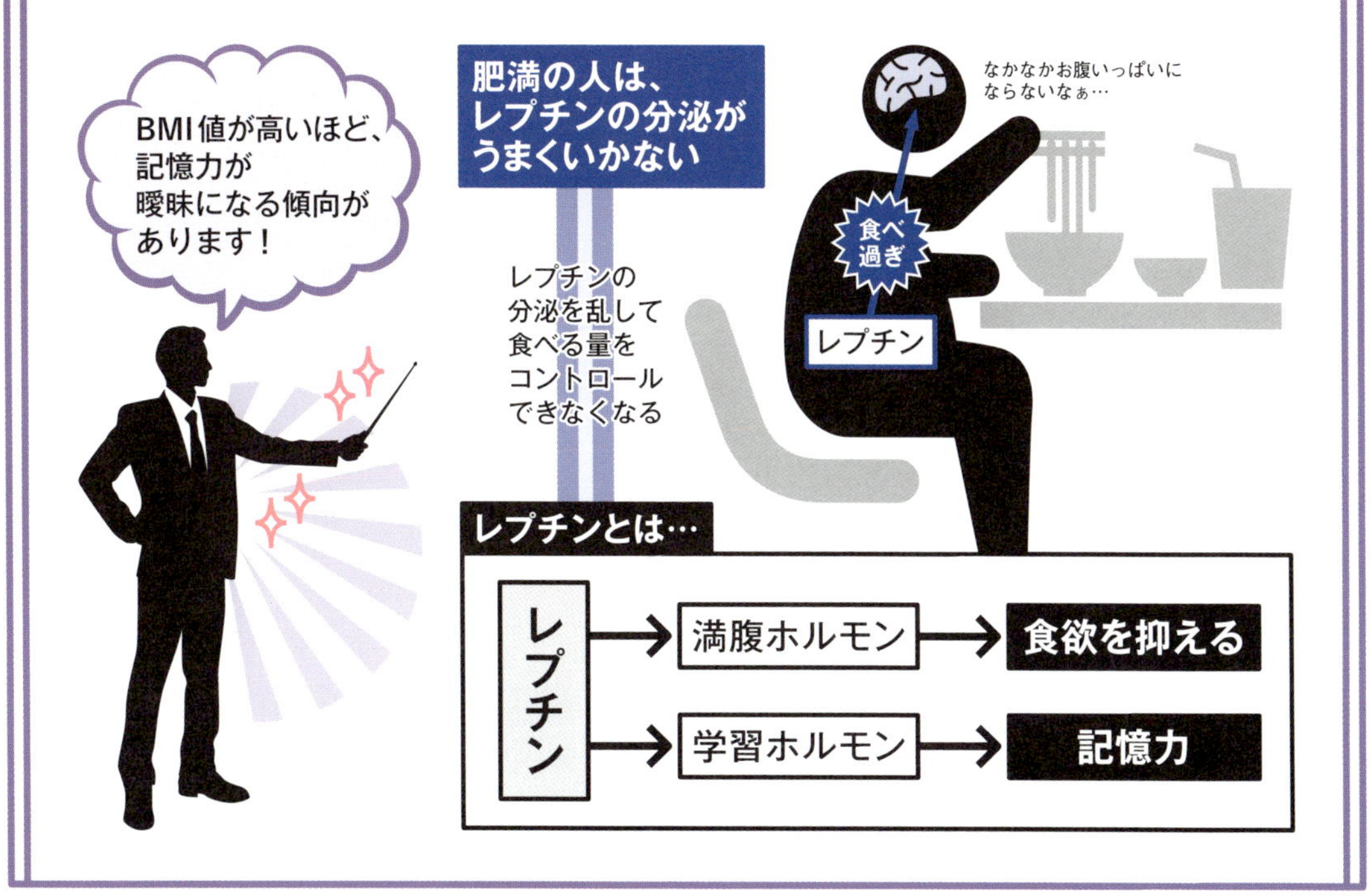
BMI値が高いほど、記憶力が曖昧になる傾向があります！
肥満の人は、レプチンの分泌がうまくいかない
レプチンの分泌を乱して食べる量をコントロールできなくなる
なかなかお腹いっぱいにならないなぁ…
食べ過ぎ
レプチン
レプチンとは…
レプチン
満腹ホルモン
食欲を抑える
学習ホルモン
記憶力

CHAPTER 05

The Habits of Proactive People & Procrastinators

25

すぐやる人は 戦略的に睡眠を活用する。

やれない人は なんとなく睡眠をとる。

私たちの脳をフル回転させるには、ベストな睡眠が必要

朝の時間をフル活用するためのカギが、睡眠です。

睡眠の長さは人によって大きく異なります。自分にとっての最適な長さを探すことがベストだと言えます。

意志力は睡眠をとると回復しますが、**一般的に6時間未満の睡眠は意志力の回復を妨げ、誘惑に負けてしまう可能性が高くなります。**あなたにとって最適な睡眠を確保することができれば、誘惑に負けないように前頭前野がコントロールしてくれるようになるのです。

ベストな睡眠を手に入れるためには、まず早起きを徹底する

それ以上に重要なことは、**早起きするためには早寝をする必要がある**ということです。

俳優の哀川翔さんは、「みんな朝早くに起きられないっ

すぐやる人は、自分に最適な睡眠時間を知っている

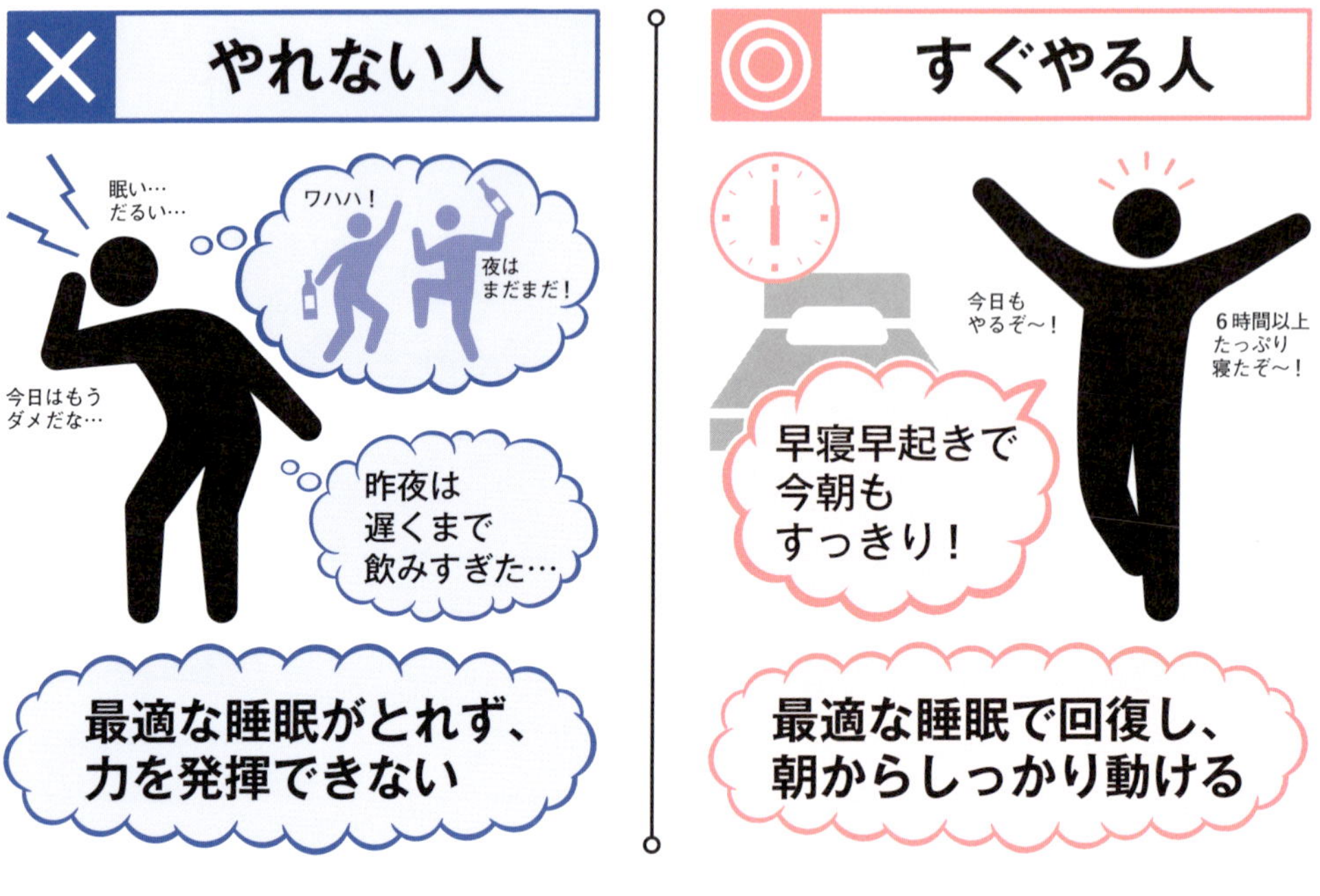
やれない人
眠い…
だるい…
ワハハ！
夜は
まだまだ！
今日はもう
ダメだな…
昨夜は
遅くまで
飲みすぎた…
最適な睡眠がとれず、
力を発揮できない
すぐやる人
今日も
やるぞ～！
6時間以上
たっぷり
寝たぞ～！
早寝早起きで
今朝も
すっきり！
最適な睡眠で回復し、
朝からしっかり動ける

力を発揮するための目覚め方

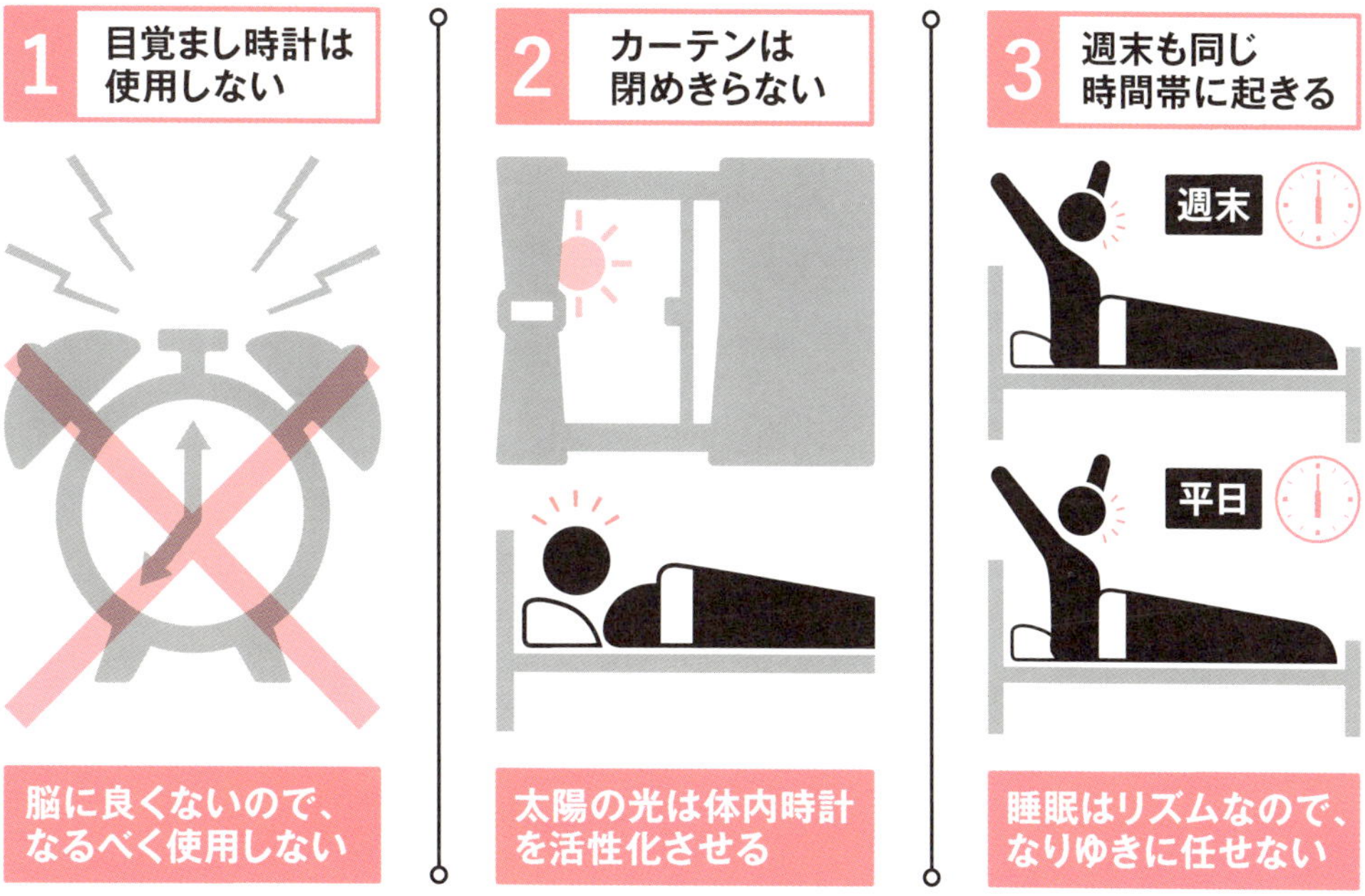
1 目覚まし時計は使用しない
脳に良くないので、なるべく使用しない
2 カーテンは閉めきらない
太陽の光は体内時計を活性化させる
3 週末も同じ時間帯に起きる
週末
平日
睡眠はリズムなので、なりゆきに任せない

て言うけど、答えは簡単だよ。早く寝ないからでしょう。で、早く寝られないっていうのは、早く起きてないからだよね。『早寝早起き』っていう言葉は間違い。『早起き早寝』が正解でしょ」

と仰っていますが、まさにその通りで、とにかく早起きを徹底することから始めましょう。

目覚まし時計は脳に良くないので、朝起きるときは、なるべく使用しないほうがいいでしょう。

もちろん最初は目覚まし時計に頼ってもいいでしょう。

また、太陽の光には体内時計を活性化させる働きがあるので、身体に日光の感覚を覚えこませるために、カーテンは閉めきらず、ある程度の日光が入るようにしておきましょう。

そして、「すぐやる人」たちは週末も同じ時間帯に起きます。

睡眠はリズムであり、習慣でもあるので、なりゆきに任せていては自分自身をコントロールすることはなかなか難しいのです。

睡眠とは1日の終わりではなく、次の日の始まりだととらえてはどうでしょう。睡眠は明日の命運を握っているのだというくらいの意識が、明日をより良いものにするための第一歩です。

必見！お役立ち COLUMN

良い睡眠はさらなるエネルギーに！

私の場合は23時頃ベッドに入り、朝５時に起床すると、脳がすっきりとした状態で１日に臨むことができます。良い睡眠ができたときは、起きた瞬間から頭がフル回転しています。仕事や原稿のアイデアがどんどん湧き出てきます。

そうすると、自分で、今日という１日をコントロールできている瑞々しい感覚が湧いてきて、さらなるエネルギーに繋がります。

26

すぐやる人は 姿勢が良い。

やれない人は 背中が丸い。

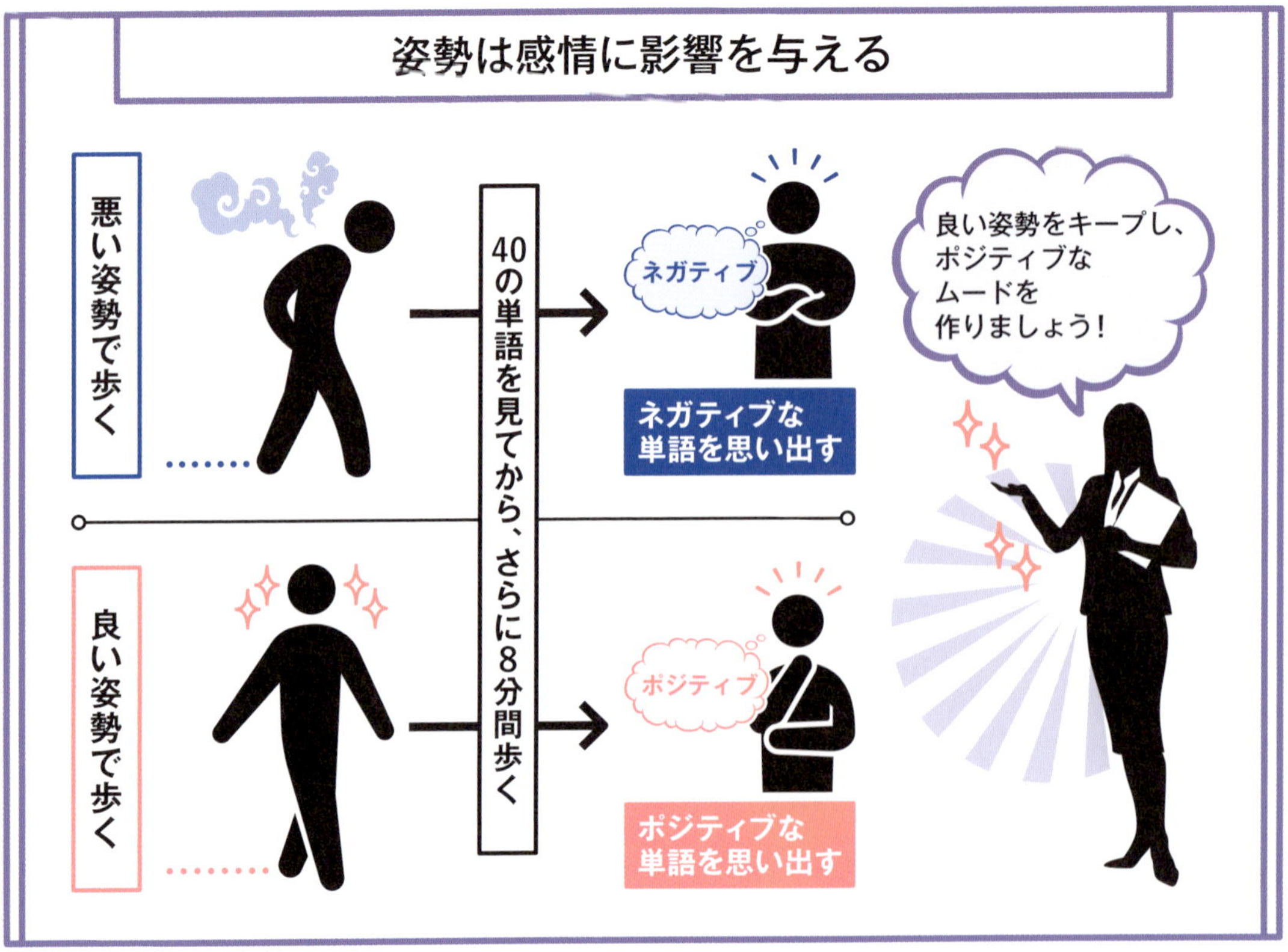

姿勢の善し悪しが私たちの気持ちや行動に影響を与える

多くの研究でわかっているのですが、**姿勢は私たちのムードに影響を与えます。良い姿勢はポジティブなムードを生み、悪い姿勢はネガティブなムードを生みます。**

ドイツのヴィッテン・ヘァデッケ大学の臨床心理の専門家ヨハネス・マハラック博士の研究では、被験者に良い姿勢で幸せそうに歩いてもらったり、悪い姿勢で落ち込んだように歩いてもらったりして、40語の単語を見せました。

その後、さらに8分間歩いたあとに、40語のうち思い出せる限りの単語を被験者に思い出してもらうと、悪い姿勢で歩いた人は、ネガティブな単語ばかりを思い出すことがわかりました。一方で、良い姿勢で歩いた人は、ポジティブな単語を多く思い出したのです。

つまり、**良い姿勢で歩くことで私たちは肯定的になれる**のです。背中が丸いと、ネガティブな出来事を思い出し、落ち込んだ気分になりやすいのです。

　すると、後ろ向きになってしまい、先延ばししてしまう「やれない人」になりやすくなります。

良い姿勢を心がけると前向きになれて自分に自信が持てる

　このように、姿勢が私たちの心に及ぼす影響について証明されていますが、「すぐやる人」は、やはり姿勢が良いのです。背筋がピンと伸びており自信があるように見えます。

　脳は血液が運ぶブドウ糖と酸素をエネルギー源として働きます。姿勢が悪いと血管を圧迫してしまうので、ブドウ糖と酸素が十分に運ばれず、脳の働きが悪くなるのです。

　その結果、判断力が鈍り、先延ばしをしやすくなってしまいます。

　良い姿勢をキープするように心がけると、とても前向きになれて、自分に自信が持てます。それによってテキパキと行動がとれるようにもなるものなのです。

　もちろん、姿勢が良いと第一印象も良くなります。

　第一印象も良くなり、心も前向きになれるのです。

必見！お役立ち COLUMN

良い姿勢はストレスに強く、前向きになれる

　ハーバード大学の社会心理学者エイミー・カディは、胸を張って座ったり立ったりという動きを2分間した人は、体を屈めていた人と比べて、ストレスホルモンであるコルチゾール値が低下し、男性ホルモンであるテストステロン値が上昇したと報告しています。

　胸を張ることで、体内ホルモンの観点からも、ストレスに強く、前向きになれるということなのです。

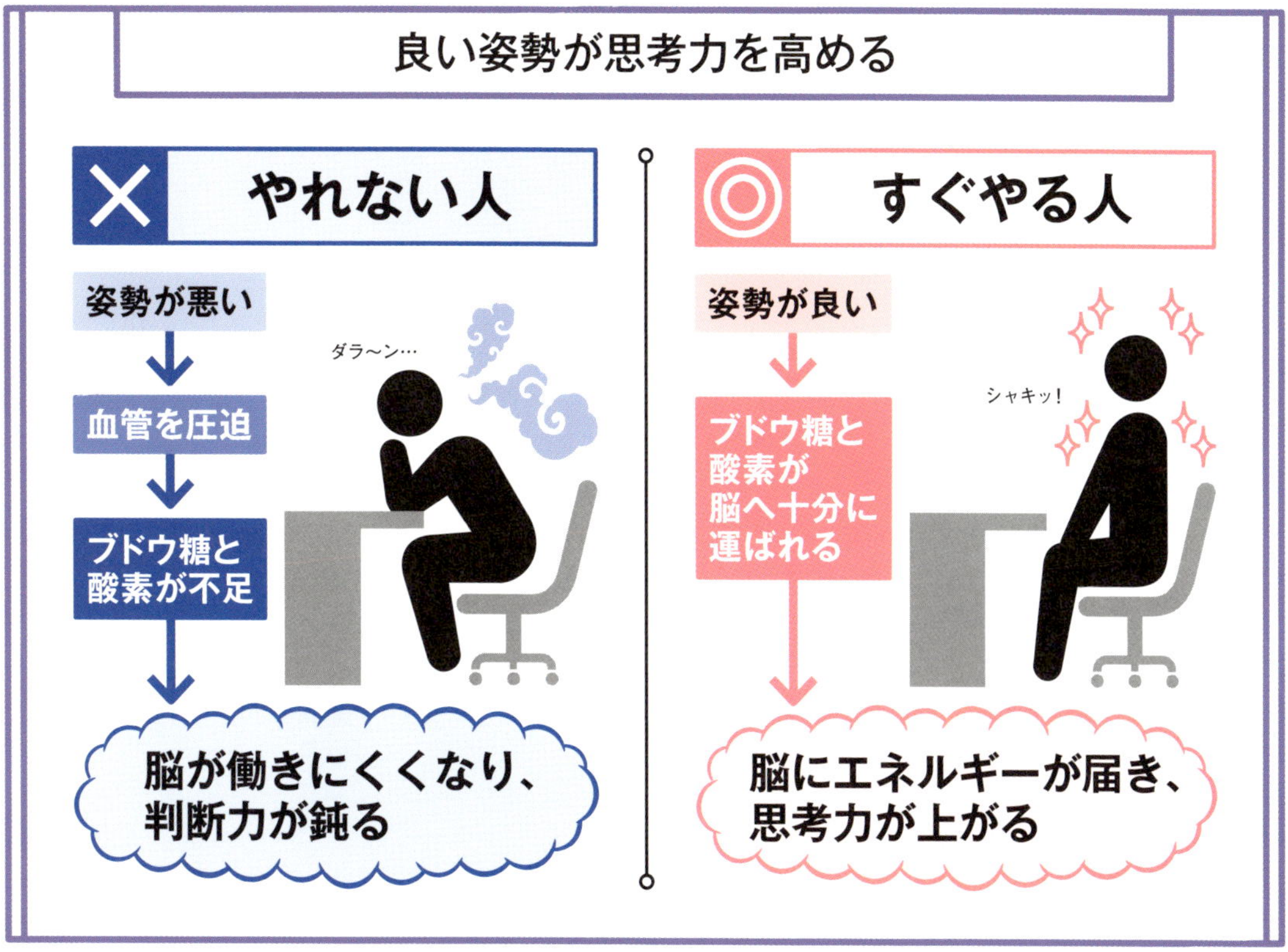
良い姿勢が思考力を高める
× やれない人
姿勢が悪い
血管を圧迫
ブドウ糖と酸素が不足
脳が働きにくくなり、判断力が鈍る
ダラ～ン…
◎ すぐやる人
姿勢が良い
ブドウ糖と酸素が脳へ十分に運ばれる
脳にエネルギーが届き、思考力が上がる
シャキッ！

CHAPTER 05

体調管理編

復習問題

次の［　　］に当てはまる言葉は、A、Bのどちらか？

Q1

すぐやる人は［　　］の取り方も工夫している！

A　自分の利益
B　休日

Q2

すぐやる人は［　　］を有効活用している！

A　朝の時間
B　夜遅い時間

Q3

すぐやる人は［　　］にこだわった食事を楽しんでいる！

A　質
B　満腹感

Q4

すぐやる人は週末も同じ時間に起き、［　　］を整えている！

A　体のリズム
B　世間体

Q5

すぐやる人は［　　］を整えて、ポジティブなムードを作っている！

A　姿勢
B　デスク周り

解答：Q1／B　Q2／A　Q3／A　Q4／A　Q5／A

CHAPTER

06

「すぐやる人」と「やれない人」の習慣

時間・目標管理編

The Habits of Proactive People & Procrastinators

27

すぐやる人は 数字のある目標を決める。

やれない人は なんとなく流されてしまう。

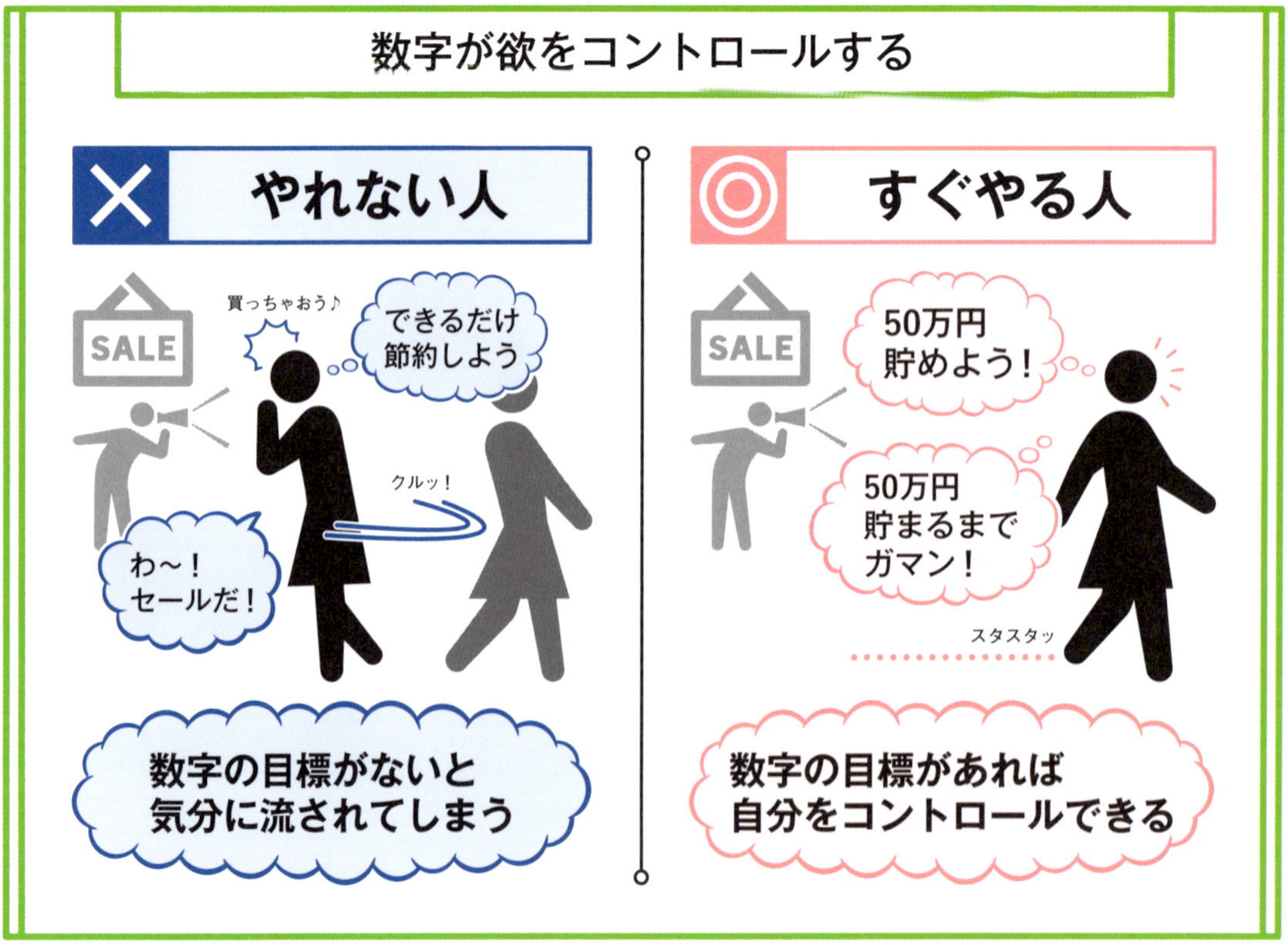
数字が欲をコントロールする
やれない人
SALE
買っちゃおう♪
できるだけ節約しよう
クルッ！
わ〜！セールだ！
数字の目標がないと気分に流されてしまう
すぐやる人
SALE
50万円貯めよう！
50万円貯まるまでガマン！
スタスタッ
数字の目標があれば自分をコントロールできる

数値のある目標を設定すれば、欲望を抑えられる

あなたは目標を持っていますか。そして、それはどれくらい明確なものなのでしょうか。

「すぐやる人」は、目標に数字を取り入れることで行動をコントロールしています。

一方で「やれない人」というのは、すべてが感覚的になりすぎていて、安定した行動力を発揮することができなくなっています。

あなたは旅行に行こうと思って旅費を調べてみたら、50万円必要だとわかったとしましょう。旅行へ行くためには50万円貯めないといけません。

このように数値のある目標を設定すれば、休日に店先で目に止まった靴を衝動買いしてしまいそうになっても、「旅行のために我慢しよう」とその衝動を抑えることができるはずです。

つまり、感覚的に使おうとするのではなく、目標のために自分の欲をコントロールすることができます。これは数字で目標を設定していてたからこそ、今は我慢しなきゃいけないときなのか、それとも今はまだ余裕があるときなのか、ということを判断することができるようになるのです。

一方で、このような**数値を含めた目標がないと、その場の雰囲気やそのときの気分などに、「なんとなく」流されてしまいます。**

目標を持つこととは、基準を作ること

そもそも、人間は頑張りたくない生き物です。「なるべくラクをしたい」と思うことは自然なことなので、その気持ちを否定するのではなく、その気持ちをどうすればコントロールできるのかと考える基準を持つことが大事です。

数字を上手に使えば、自分をコントロールしやすくなります。もちろん、その数字が漠然としたものでしかなく、説得力がなければ、自分をコントロールすることは容易ではないでしょう。

目標を持つこととは、基準を作ることなのです。基準ができれば、判断に迷わなくなり、すべての行動にスピードが生まれます。

すぐやるための 3 POINT

1. 「すぐやる人」は目標に数字を取り入れている
2. 数字で目標を設定すれば、欲をコントロールできる
3. 数字という基準ができれば、行動にスピードが生まれる

目標の実現のために数字の基準を作る

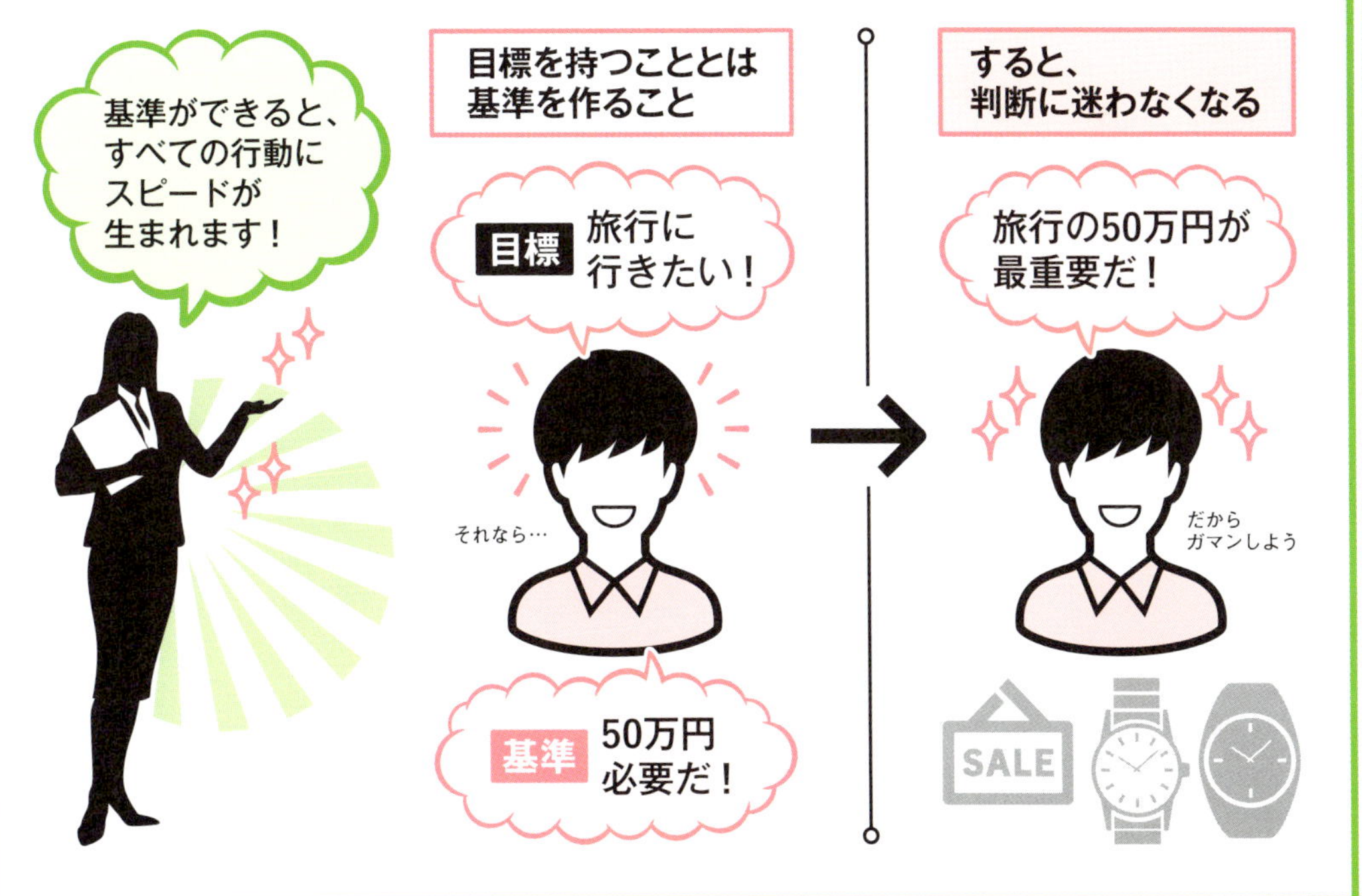
基準ができると、すべての行動にスピードが生まれます！
目標を持つこととは基準を作ること
目標 旅行に行きたい！
それなら…
基準 50万円必要だ！
すると、判断に迷わなくなる
旅行の50万円が最重要だ！
だからガマンしよう
SALE

28

すぐやる人は be と do を意識する。

やれない人は 目標だけを追いかける。

目的を「状態」、目標を「行動」という切り口で考える

目標は達成したら完了します。つまり終わりが来ます。たとえば、5キロ痩せるという目標は、5キロ痩せれば完了となってしまうのです。だから、目標だけを追いかけるよりも、目的も明確にしておけば、さらに大きな行動の軸を獲得することができます。

私は**目的と目標の違いを考えるときは、目的を「状態」、目標を「行動」という切り口で考えています。**

「5キロ痩せる」という目標を設定したとします。では、何のために5キロ痩せるのか。

それが目的の設定です。**目的を設定するときには、未来像がどれくらいイメージできているかが重要になる**ということなのです。

5キロ痩せた自分はどんな自分か、鮮明にイメージできますか？そして、そのイメージした自分の未来像にワクワクできますか？

「すぐやる人」は1年後、5年後、

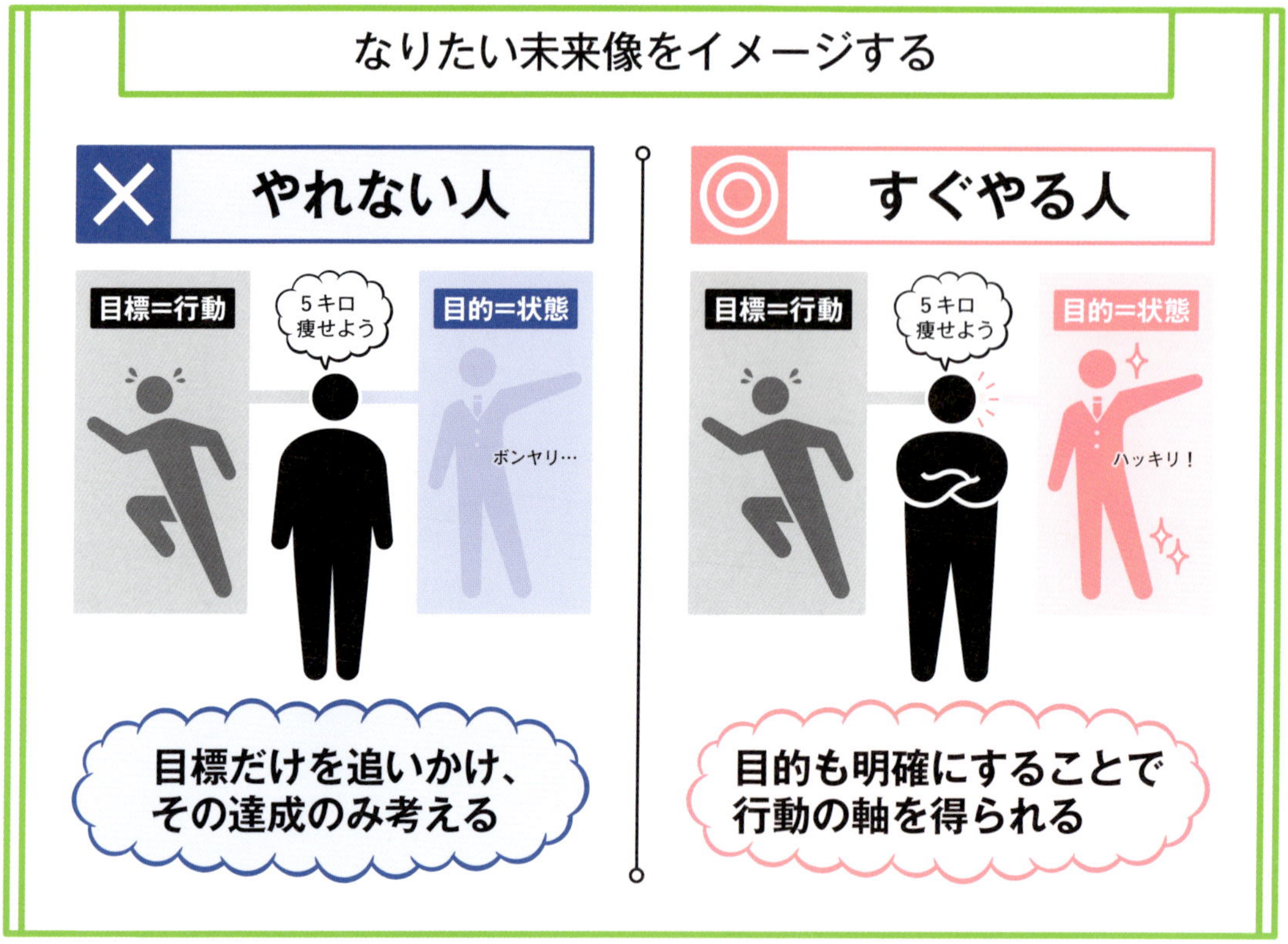
なりたい未来像をイメージする
やれない人
目標=行動
5キロ痩せよう
目的=状態
ボンヤリ…
目標だけを追いかけ、その達成のみ考える
すぐやる人
目標=行動
5キロ痩せよう
目的=状態
ハッキリ！
目的も明確にすることで行動の軸を得られる

目的と目標は判断のよりどころになる

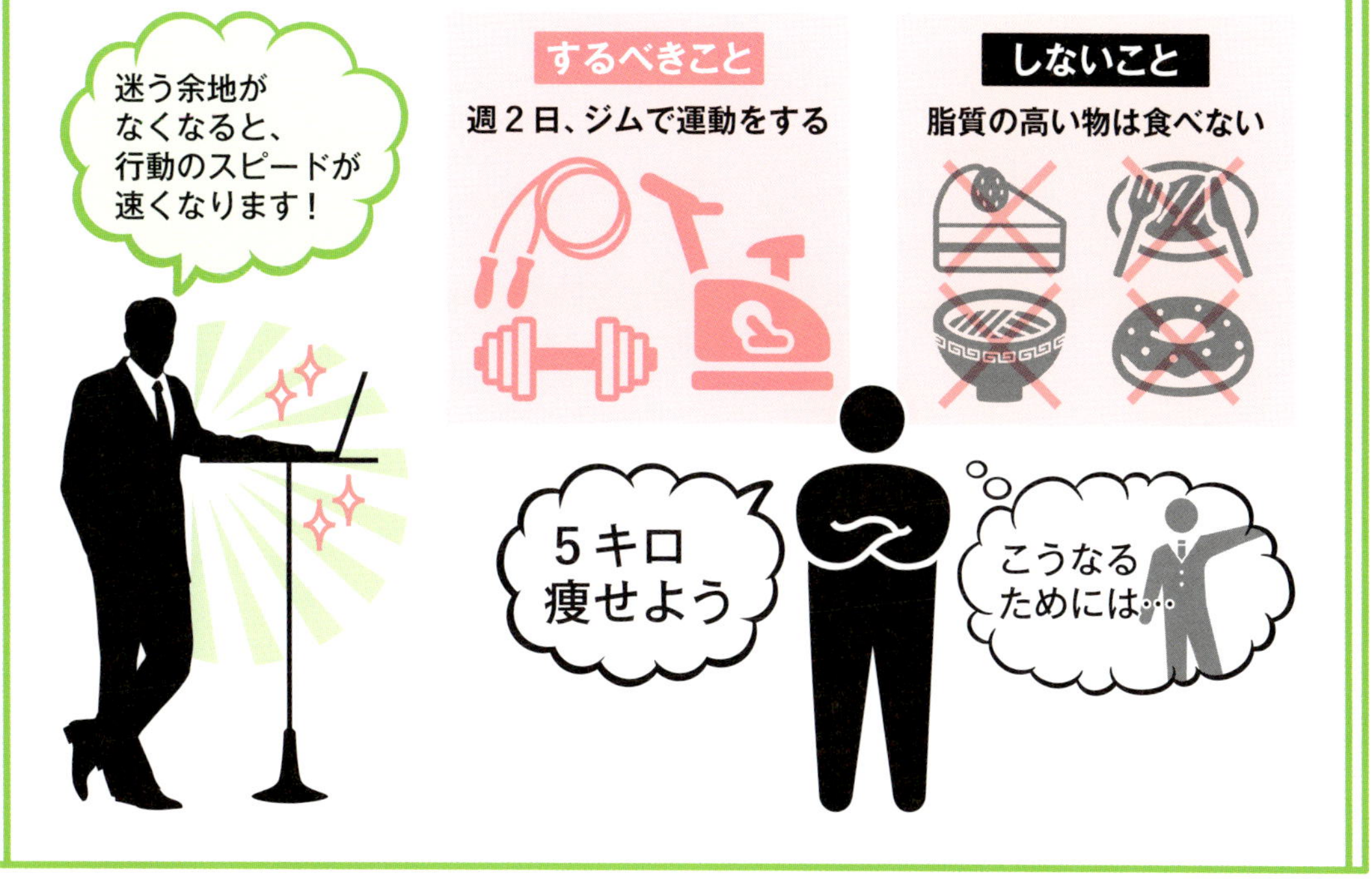
迷う余地がなくなると、行動のスピードが速くなります！
するべきこと
週２日、ジムで運動をする
しないこと
脂質の高い物は食べない
５キロ痩せよう
こうなるためには…

年後、10年後……と、自分がどういう存在でありたいかということを意識しています。

あなたの未来像は「どういう自分であるか」なので、状態の「be」。それを達成するために「何をすべきか」なので「do」なのです。鮮明に「be」をイメージしてみましょう。

はっきりとした未来像があるから、目標が明確になる

はっきりとした未来像があるからこそ、目標が明確になり、主体性を帯び、今やるべきことがはっきりするものです。

逆に未来像がイメージできないと、目標を立てても、気づいた頃には自然消滅したりしてしまうのです。

目的と目標を明確に持つということは、すべきことと同時に、しないことを決めることでもあるのです。もしお腹をへこませたいならば、ケーキなどの脂質の高い食べ物は食べないという選択をします。このように判断のよりどころができますので、迷う余地がなくなるということです。だから、行動のスピードが速くなります。

すぐやるための 3 POINT

1. 「すぐやる人」はどういう存在でありたいかを意識している
2. はっきりとした未来像があるから、今やるべきこともはっきりする
3. 目的と目標を明確に持てば、迷わなくなる

29

すぐやる人は 優先順位で仕事を進める。

やれない人は マルチタスクでパンク寸前。

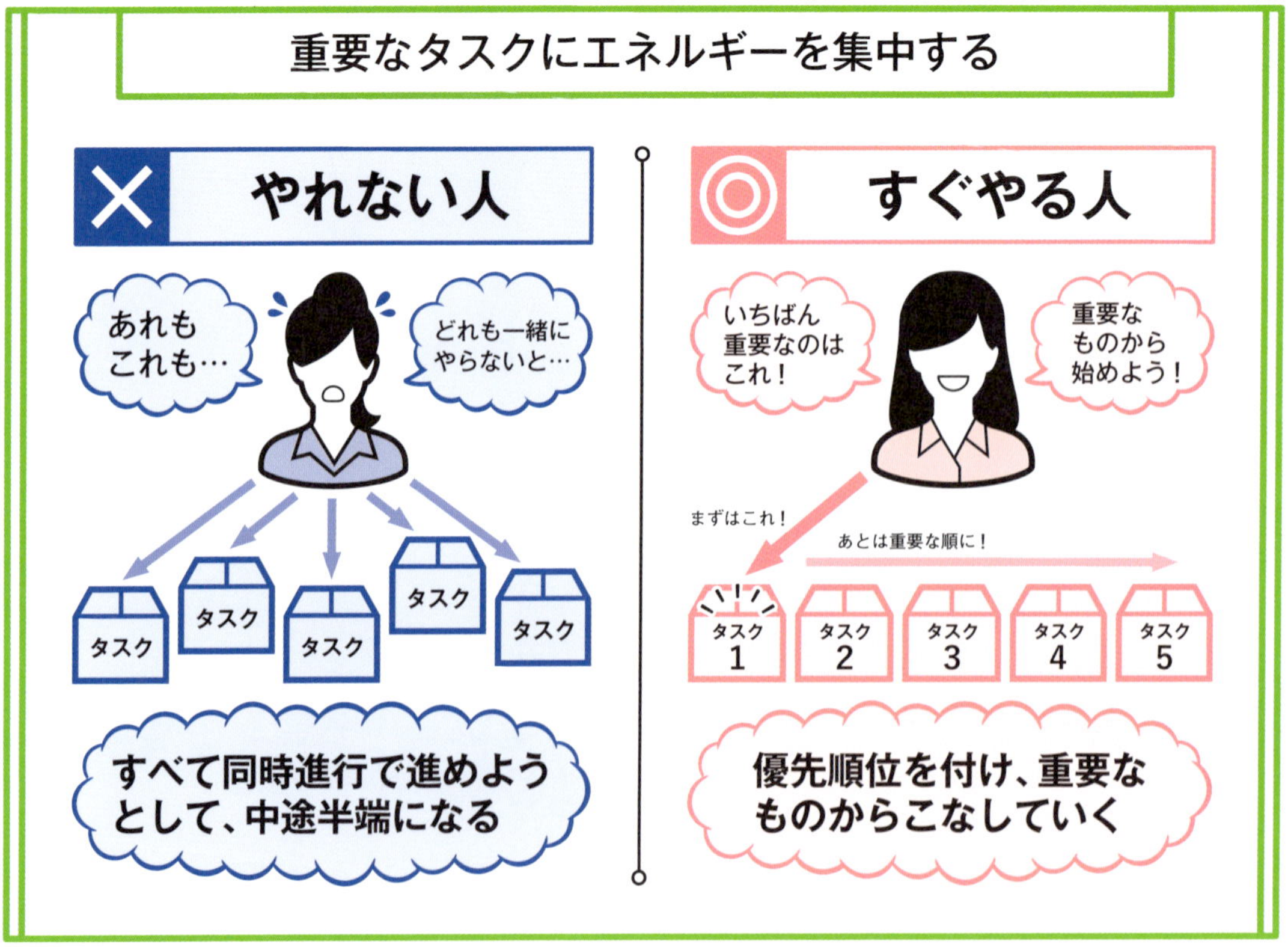
重要なタスクにエネルギーを集中する
やれない人
あれも
これも…
どれも一緒に
やらないと…
タスク
タスク
タスク
タスク
タスク
すべて同時進行で進めよう
として、中途半端になる
すぐやる人
いちばん
重要なのは
これ！
重要な
ものから
始めよう！
まずはこれ！
あとは重要な順に！
タスク 1
タスク 2
タスク 3
タスク 4
タスク 5
優先順位を付け、重要な
ものからこなしていく

多すぎる選択肢は人の集中力とエネルギーを奪う

たくさんの仕事を抱え込んでしまい、1つのタスクに取り組んでいる最中でさえ、他のいろいろなことが気になって、複数のことを同時進行で進めてしまっていませんか?

「やれない人」は**やれない状況を整理しないままに、気合いと根性でなんとかしようと思ってはみるものの、パンク寸前**で、でも、またそれもなんとか乗り越えようと頑張ってしまう傾向があります。すべてのことが中途半端になって、いい結果がついてこず、せっかくの頑張りも水の泡となってしまいます。多すぎる選択肢は人を疲れさせ、集中力とエネルギーを奪っていく原因となるのです。

では「すぐやる人」はどうしているのか。**タスクを書き出し、頭の中から取り出したら、優先順位付けを徹底し、重要なものに多くのエネルギーを集中させ、成果に繋げている**のです。

緊急度は低いけれど、重要なタスクに時間を割くこと

「すぐやる人」が**優先順位付けに使う指標は、自分にとっての重要度、緊急度、必要時間の３つ**です。

まずは、重要度と緊急度でマッピングするといいでしょう。

①緊急でかつ重要であること
②緊急ではあるが重要ではないこと
③緊急ではないが重要であること
④緊急でも重要でもないこと

①から優先的に取りかかる必要があり、中でも重要度が高いけれどもすぐに片付けられるものからこなし、時間がかかるものへシフトしていきます。②は自分にとってはあまり価値がないけれど、やらなければならないことです。

重要なのが③で、緊急度が高くないので、先延ばしにしてしまいます。優先順位付けをしておかないと、重要度が高いのに取りかかれなくなり、緊急度だけに追われる毎日を過ごしてしまいます。

そうならないためにも、「すぐやる人」は**緊急度は低いけれど重要なタスクにしっかりと時間を割くために、優先順位付けをしています。**

必見！お役立ち COLUMN

毎日の予定も優先順位をつけて前日に調整する

「すぐやる人」は、1日のスタートダッシュは前日の夜に決まると考えています。そこで、帰宅前に資料の整理をしたり、机を整理整頓したりしています。

その際に、やはり翌日のやることリストを作成して優先順位をつけて流れを30分単位で調整し、書き出しておくことで、翌日の朝一番から取りかかれるように頭と心の準備をしておきます。この習慣を持っておくことで、仕事の効率性を高めます。

優先順位付けは重要度と緊急度で決める

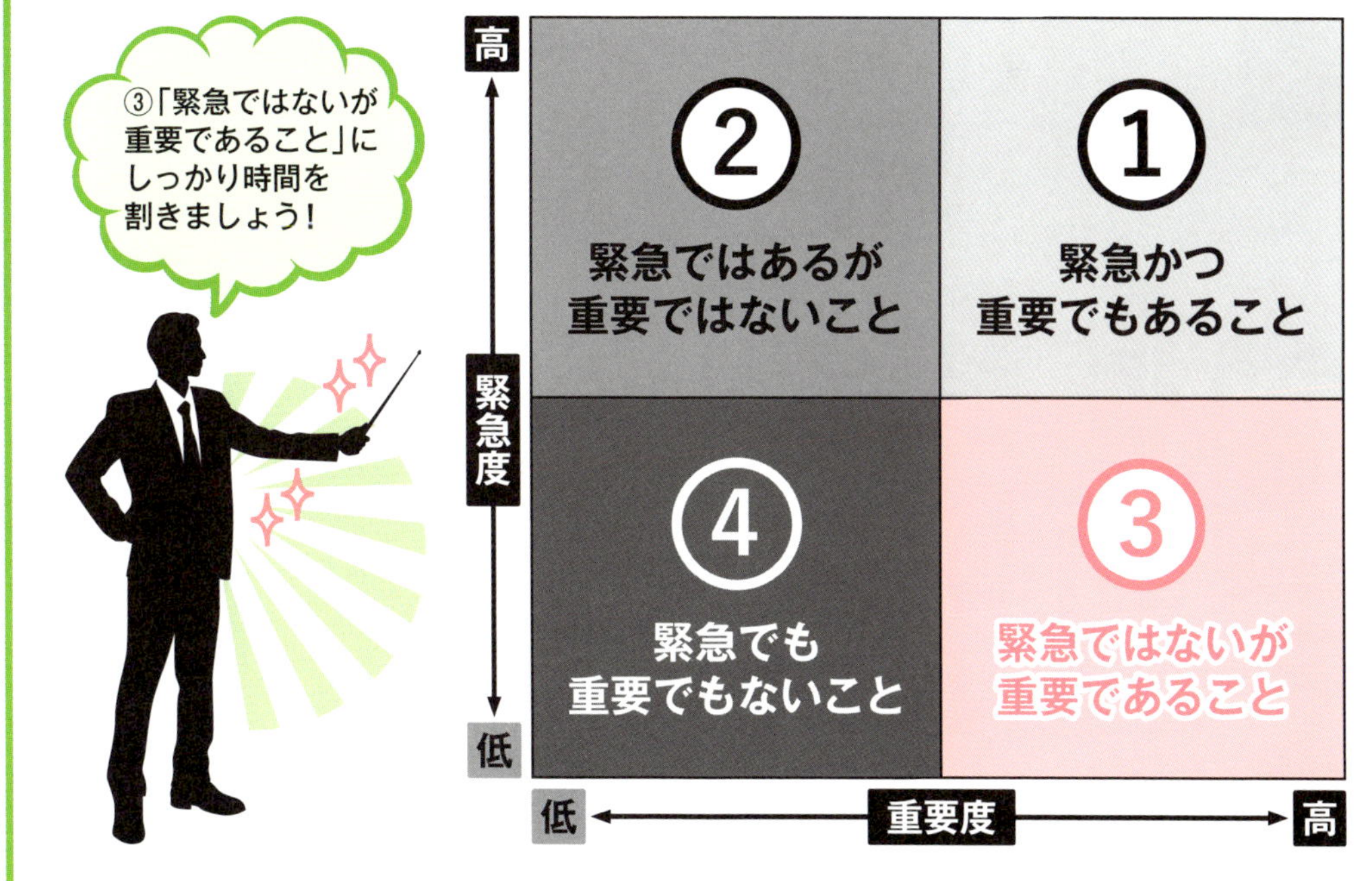
③「緊急ではないが重要であること」にしっかり時間を割きましょう！
高
緊急度
低
低
重要度
高
②
緊急ではあるが重要ではないこと
①
緊急かつ重要でもあること
④
緊急でも重要でもないこと
③
緊急ではないが重要であること

すぐやる人は 積極的にオフラインになる。
やれない人は いつもオンライン。

「やれない人」はツールに振り回されてしまう

今は便利な時代で、調べたいことはスマホやパソコンで、すぐに検索できてしまいますし、いつでも友人や家族と連絡をとることができます。一方で、行動に計画性がなく衝動的になってしまう人が多くなったのではないでしょうか。

仕事や勉強など、**何かに集中しようと思っているときでさえ、メールやLINEが気になって、ついつい触ってしまいます。**それによって、気づけば思ったよりも長い時間がそれに奪われてしまうこともあるはずです。

本来、情報を手に入れたり、誰かと連絡をとったり、書類を作成、管理したりするためのツールであったものに振り回されてしまうのは、本末転倒です。

「やれない人」はどうしてもツールに振り回されてしまいます。一方、**「すぐやる人」はルールを作ってオンラインとオフラインのメリハリをつけています。**

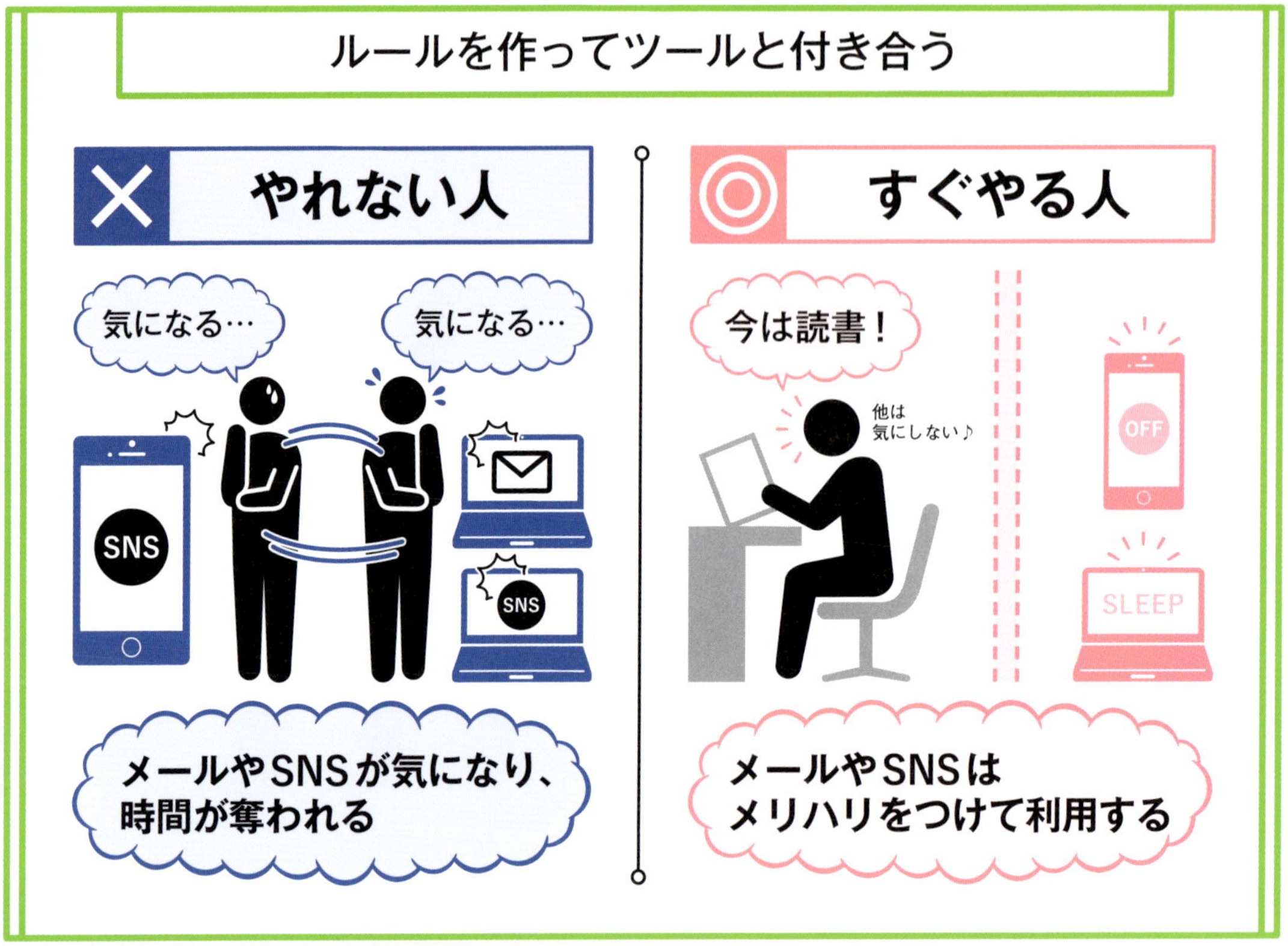
ルールを作ってツールと付き合う
やれない人
気になる…
気になる…
SNS
SNS
メールやSNSが気になり、時間が奪われる
すぐやる人
今は読書！
他は気にしない♪
OFF
SLEEP
メールやSNSはメリハリをつけて利用する

「すぐやる人」のスマホのルール

1 機内モードにして机の中にしまう

視野に入らないようにすれば気にならない

2 SNSはログアウトを習慣にする

ログインし直す手間をかけて頻度を減らす

3 通知をオフにする

仕事に影響が出ないもの以外はオフにする

デバイスのマネジメントも環境作りの1つ

「すぐやる人」は、どのようにルールを作っているのでしょうか？

たとえば、何かに一気に取り組みたいときや集中したいときは、**パソコンであればメールは閉じておき、スマホならば機内モードにして机の中や別の部屋などに置いて、視野に入らないようにします。**

また、**SNSは毎回ログアウトを習慣にする**ことで、ログインし直すという面倒なひと手間がクッションとなってSNSを開く頻度を減らすことができます。私は受験生を指導することもありますが、成果をきっちり出す学生たちの多くはSNSのアカウントを消去することで、ついついSNSで時間を浪費してしまうことを強制的に排除していたりします。

さらに、**どうしても必要なもの以外は、通知をオフにします。**通知をオフにしてしまうと仕事に影響が出るものはオフにできないと思いますが、必要最低限に止めておきたいですね。

利便性と引き換えに衝動的にならないように、デバイスのマネジメントも環境作りの1つです。

すぐやるための 3 POINT

1. デバイスの利用は、オンラインとオフラインのメリハリが必要
2. パソコンならばメールは閉じ、スマホならば機内モードにする
3. SNSで時間を浪費せず、通知はオフにする

CHAPTER 06

31

The Habits of Proactive People & Procrastinators

すぐやる人は サティスファイサー。

やれない人は マキシマイザー。

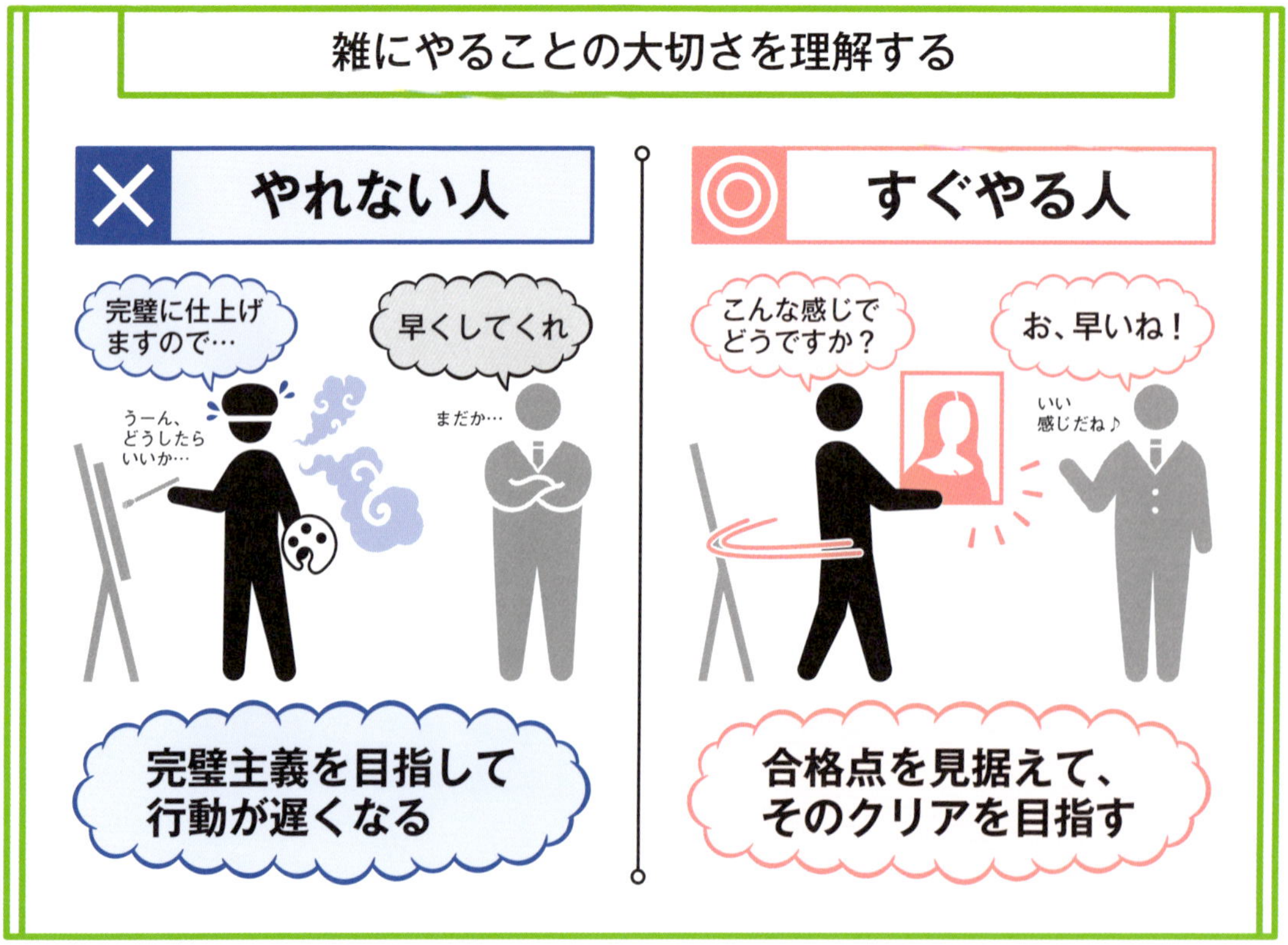

雑にやることの大切さを理解する
やれない人
完璧に仕上げますので…
早くしてくれ
うーん、どうしたらいいか…
まだか…
完璧主義を目指して行動が遅くなる
すぐやる人
こんな感じでどうですか？
お、早いね！
いい感じだね♪
合格点を見据えて、そのクリアを目指す

マキシマイザーはあれこれ迷ったり、悩んだりする

アメリカの心理学者バリー・シュワルツ博士によれば、私たち人間は、自分にとって最高の選択を望む「マキシマイザー」と、まずまずのところでも満足する「サティスファイサー」の2種類に分けられるそうです。

マキシマイザーは満点を目指すタイプなので、1つひとつのことについてあれこれ迷ったり悩んだりします。「やれない人」の特徴の1つとして、完璧主義を目指してしまうことが挙げられます。

誰だって100点をとることはうれしいし、完璧なものにあこがれを抱いてしまうでしょう。しかし、その思考が大きなブロックとなって行動を妨げていることも考えなくてはなりません。次に移ることも遅くなってしまいます。

「すぐやる人」は、雑にやるということの大切さを理解しています。いわゆるサティスファイサーで、**80点でいいものは80点でいいと思え**

るので、行動が早くなります。最初に目的を定めて、**合格点を見据えて、その点数をクリアするのに必要最低限の労力のみをかけるようにしている**のです。

それぞれのタスクの合格点を明確にして、まずはそれを満たす

私がたくさんの人々を指導して感じることは、「伸びる人」と「伸びない人」とを比較すると、**「伸びる人」はまずとにかく雑にでもいいので取りかかります。**そして、改善に改善を重ねながら、合格点をクリアするものに仕上げていきます。これは、ペンキを塗るような感覚です。**一度で綺麗に塗るのではなく、何度も何度も重ね塗りをしてムラをなくしていくようなもの**です。

一方で、「伸びない人」は一度ですべてをやりきってしまおうとしすぎて、要点がつかめずじまいに終わってしまいます。だから、どこに力を入れていいかもつかめず、行動力が鈍ってしまいます。

それぞれのタスクの合格点を明確にして、まずはそれを満たすことが自分にとっての100点なのだと考えていきたいものです。

すぐやるための 3 POINT

1. 完璧主義は、ブロックとなって行動を妨げる
2. 「すぐやる人」は合格点を見据えて、必要最低限の労力のみをかける
3. 「伸びる人」は雑にでもいいのでまず取りかかり、改善を重ねる

「伸びる人」はまず取りかかり、改善を重ねる
1 まず取りかかる
よし、とりあえず始めよう！
まずはコレからだ
2 改善を重ねる
これはどうしましょうか？
ふむ、それならこうしようか
3 合格点をクリアする
これでバッチリ！OKだね
やった！クリアしたぞ！

32

すぐやる人は やらない基準が明確。

やれない人は いやいや引き受ける。

「やれない人」は「NO」と言うことに大きな抵抗を感じる

「やることリスト」を作成している人は多いことと思います。「あれもやらなきゃいけない、これもやらなきゃいけない」「せっかく終わったのに、またやらなきゃいけないことが増えた」などと、やることはどんどん降ってきます。

ただ、やることに追われている毎日だと、本当にやる必要のないものまでついつい取り組んでしまって、時間が足りない、ということになってしまいます。

「すぐやる人」は、**やることを決めるだけでなく、やらないことも決めます。**やらないことを明確にすることで迷うリスクを避け、無駄な選択で脳に負担をかけません。

一方、「やれない人」は「NO」と言うことに大きな抵抗を感じてしまいます。「いやだなぁ」と思いながら、しぶしぶ依頼を引き受けたりしていると、また同じような依頼をされたり、場合によってはエスカレートした依頼をされてし

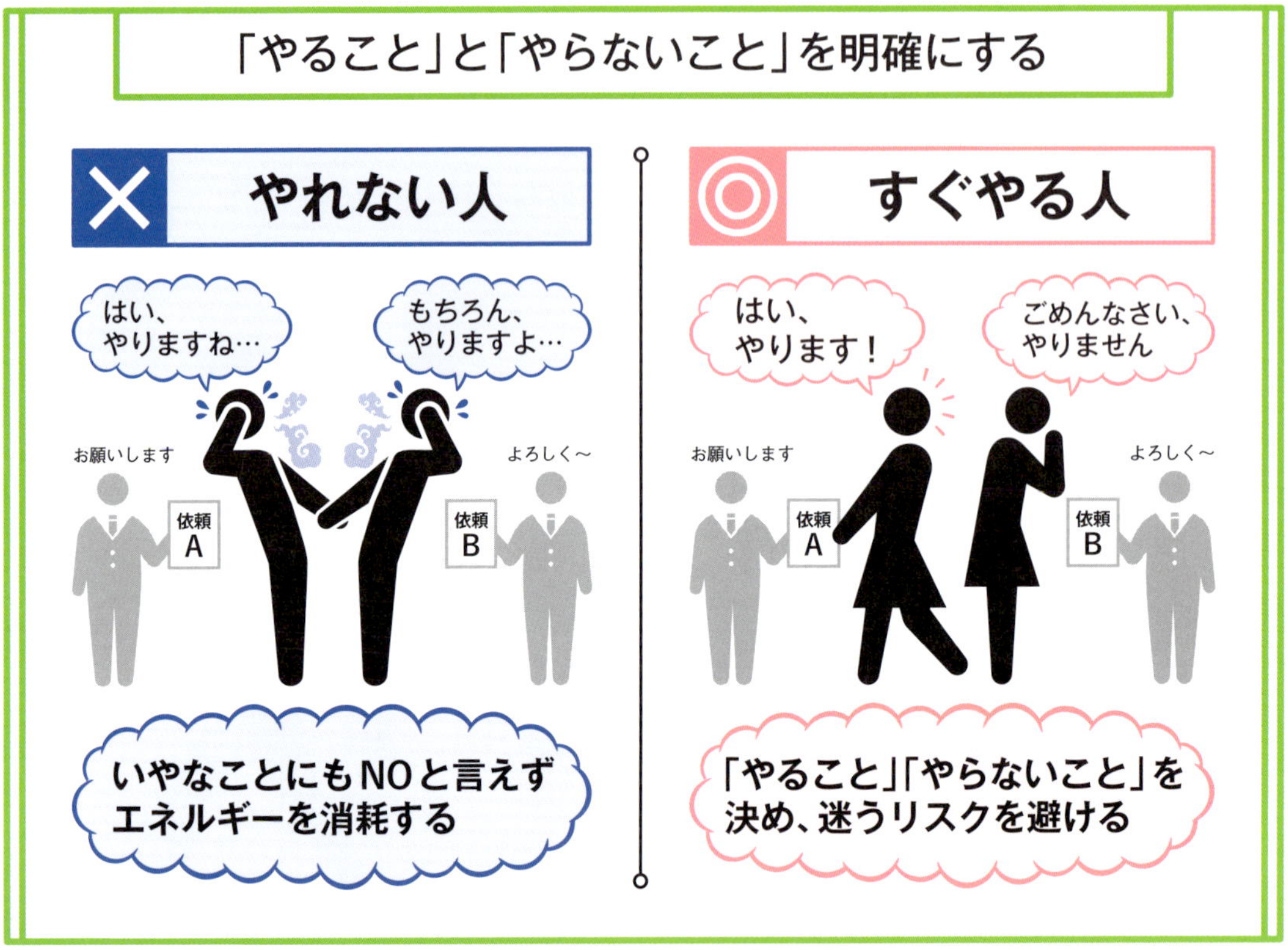
「やること」と「やらないこと」を明確にする
やれない人
はい、やりますね…
もちろん、やりますよ…
お願いします
よろしく～
依頼A
依頼B
いやなことにもNOと言えずエネルギーを消耗する
すぐやる人
はい、やります！
ごめんなさい、やりません
お願いします
よろしく～
依頼A
依頼B
「やること」「やらないこと」を決め、迷うリスクを避ける

断るのは相手をリスペクトしているから

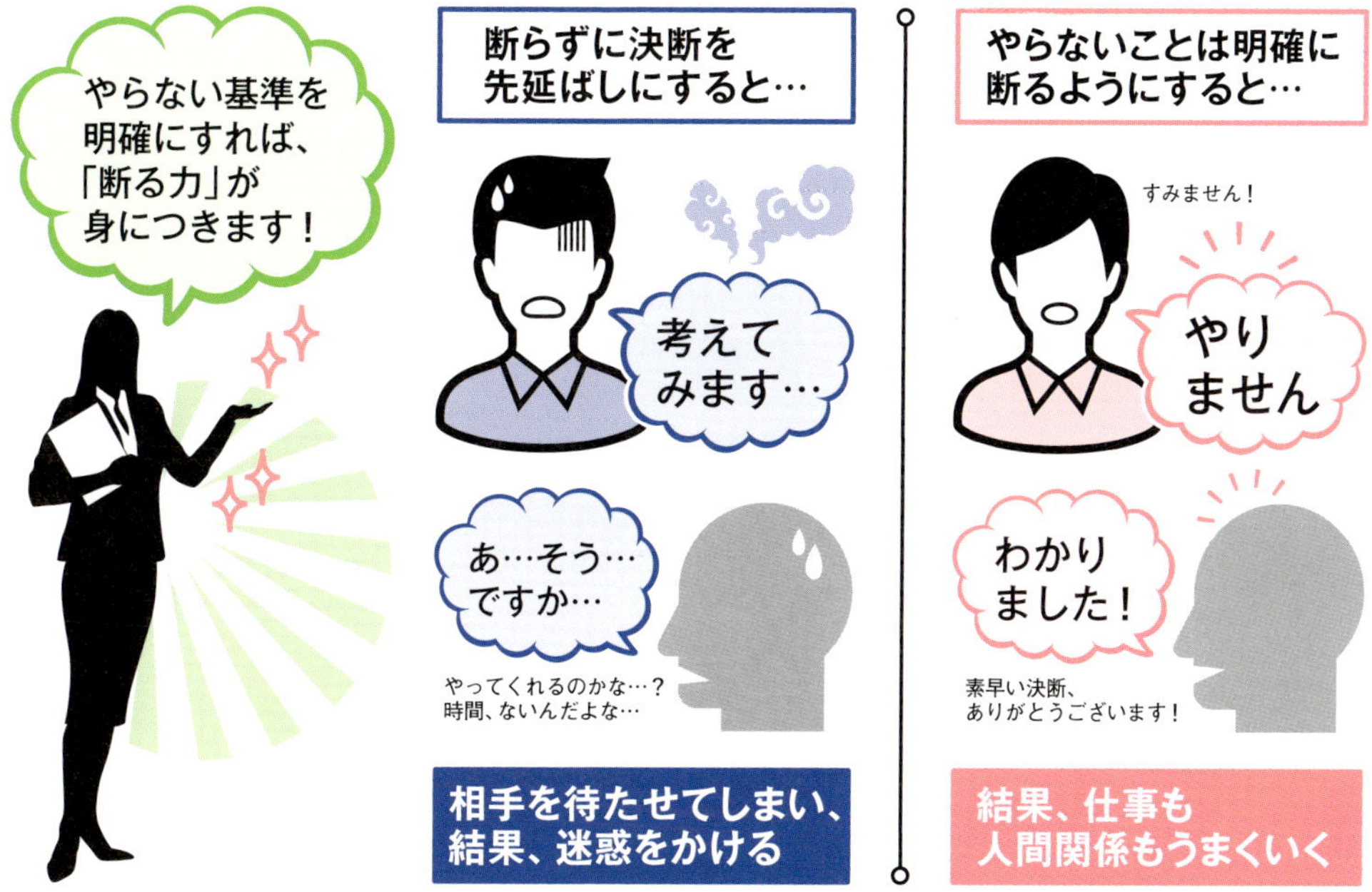
やらない基準を
明確にすれば、
「断る力」が
身につきます！
断らずに決断を
先延ばしにすると…
考えて
みます…
あ…そう…
ですか…
やってくれるのかな…？
時間、ないんだよな…
相手を待たせてしまい、
結果、迷惑をかける
やらないことは明確に
断るようにすると…
すみません！
やり
ません
わかり
ました！
素早い決断、
ありがとうございます！
結果、仕事も
人間関係もうまくいく

まう可能性も考えられます。**やらないでもいいことに振り回されてエネルギーを消耗し、本来やるべきことをこなすためのエネルギーを奪われてしまっています。**

「すぐやる人」は他人に対してもきっぱりと「NO」と言う

「すぐやる人」は、やらない基準をはっきりとさせることで、他人に対してもきっぱりと「NO」と言います。

自分の人生をコントロールしている感覚を維持するためには、精神の自由が不可欠なのです。それを可能とするのが、断る力です。

しかし、これは何も自分本位で断るのではありません。そのほうが仕事も人間関係もうまくいくことを知っているからです。

「やだなぁ」と思う依頼でも断ることへの抵抗を感じると、決断を先延ばしにしてしまいます。そして、結局は断る、というプロセスは相手に期待を持たせたまま、待たせてしまうだけなのです。

だから、**「すぐやる人」は断るスピードが早い**のです。相手をリスペクトしているからこその行動です。

必見！お役立ち COLUMN

断ることは別の形で関係性を続けるチャンスに

断ることは、短期的に見るとマイナスの影響が大きいように感じてしまうかもしれません。しかし、長期的な目で見ると、別の形でいい関係性を継続していけるチャンスが出てくるものなのです。

「NO」と言ったからといって、互いの関係が簡単に終わってしまうようなものでもありません。特に、相手を拒絶するのではなく、提案に断りを入れるだけだからです。

CHAPTER 06

時間・目標管理編

復習問題

次の［　　］に当てはまる言葉は、A、Bのどちらか？

Q1

すぐやる人は

［　　］な目標を立てている！

A あえて曖昧

B 明確

Q2

すぐやる人は

［　　］を明確にして、物事を進めている！

A 優先順位

B 好き・嫌い

Q3

すぐやる人は

物理的に「［　　］」状態を作っている！

A 繋がらない

B 常に繋がる

Q4

すぐやる人は

［　　］を作り、それを上回ればいいと思って行動している！

A 合格点

B 満点の指標

Q5

すぐやる人は

素早く［　　］を決め、それを守っている！

A 断らない意志

B やらないこと

解答：Q1／B　Q2／A　Q3／A　Q4／A　Q5／B

CHAPTER

07

「すぐやる人」と
「やれない人」の習慣

行動編

The Habits of Proactive People & Procrastinators

33

すぐやる人は マネをいとわない。

やれない人は オリジナルにこだわる。

お手本をマネすることが成長の第一歩

×
やれない人
自分は
自分だ…
なんかうまく
打てないなぁ…
なんでだろう？
お手本をマネせず、すべて
自分でしようとする
◎
すぐやる人
グリップは
こうで…
腰をひねる
感じで…
お手本に
しよう！
お手本をマネして
技術や知識を身につける

技術や知識を身につけようと思ったら、お手本が必要

あなたにはお手本と呼べる存在がいるでしょうか。そして、そのお手本からどのくらいマネし、どのくらい学んでいるでしょうか？

「すぐやる人」はマネをすることをいとわず、素直にマネをしながら技術や知識を習得していきます。

私たちは、技術や知識を身につけようと思ったら、お手本が必要です。モデリングとも言いますが、お手本をマネることが成長の第一歩なのです。

お手本を見つけたら、しっかりと観察をします。考え方や行動を、です。考え方は表面からはつかめないこともあるので、お手本となる人に質問してみます。そして、自分の中に取り入れたいものを徹底的にマネをしていきます。

「やれない人」はマネをすることに抵抗を感じます。マネをしてはいけないと考えてしまう傾向もあります。そして、結局のところ考えすぎてしまっていて、せっかくいいお手本があっても、何もやらないまま終わってしまうのです。

マネをするという基礎を飛ばしてしまうということは、0からすべてを自分で考えなければいけないので、やることがどんどん増えていってしまいます。

オリジナリティを出してはいけないわけではない

マネをするからといって、何もオリジナリティを出してはいけないということではありません。

たとえば、レシピを思い浮かべてみてください。材料や手順が説明されていますが、これはまさにうまくいった人のマネができるためのものです。作ってみておいしかったら、また作ってみる。これを繰り返していくうちに、レシピを見なくても作れるようになっていきます。そういうものを増やしていくことで、あれとこれを組み合わせてと、アレンジすることもできるようになっていきます。

心理学でも、モデリングは私たちが成長していくうえで、必要不可欠だとしています。 個性はひとまず封印して、素直な心でマネをしてみましょう。

必見！お役立ち COLUMN

千利休もマネすることを奨励していた

「守《しゅ》破《は》離《り》」という言葉は、千利休が茶道を通して体得したと言われているもので、人がある道を究めるステップのことです。「守」とは習ったことを徹底してマネる段階。「破」とは「守」において型を習得していったものに、自分ならこうするという思いを加えて型にアレンジを加えていくことです。「離」とはオリジナルを確立していく段階のことです。千利休も、マネすることを奨励していたのです。

マネするうちにオリジナリティも出てくる

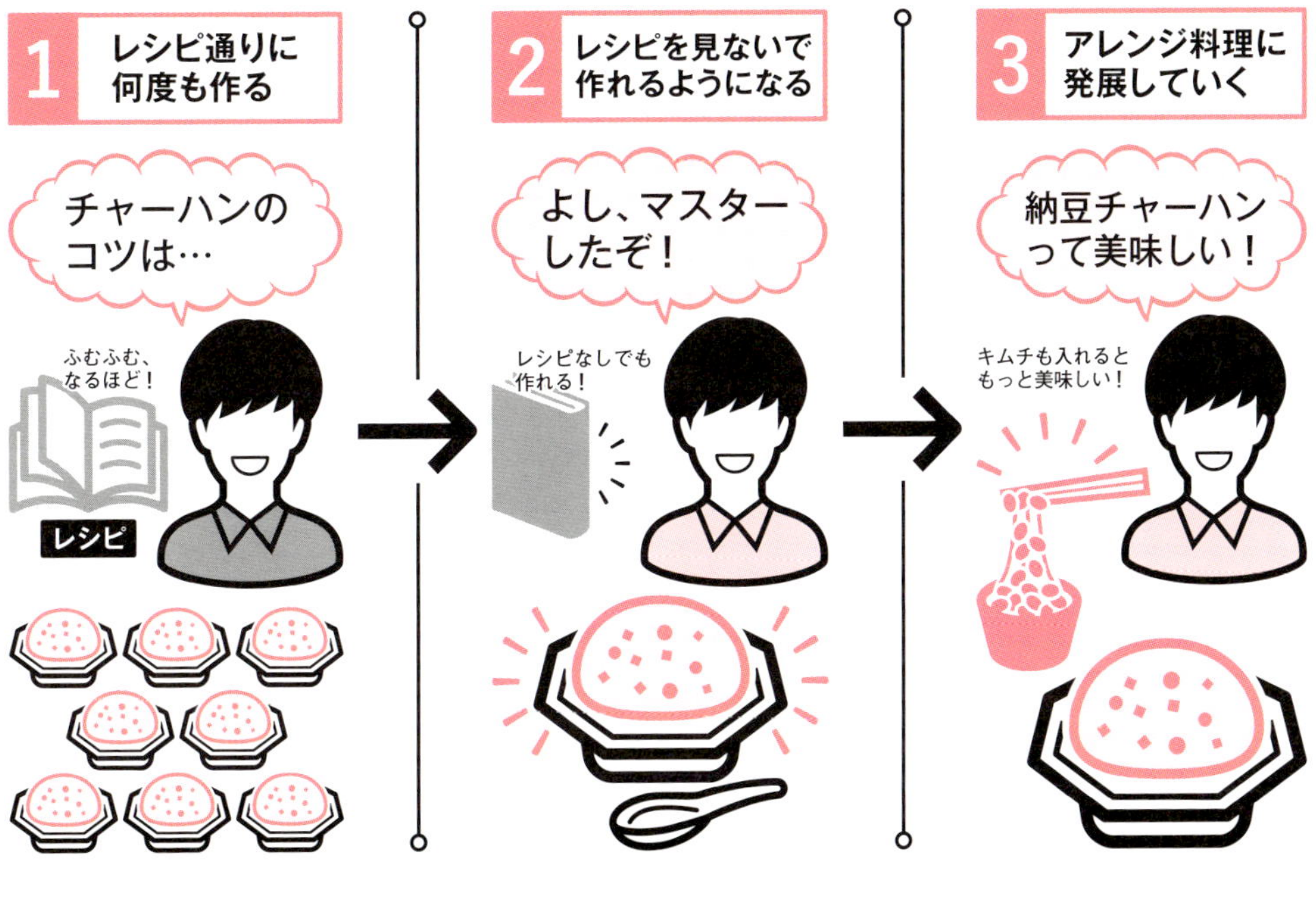
1 レシピ通りに何度も作る
チャーハンのコツは…
ふむふむ、なるほど！
レシピ
2 レシピを見ないで作れるようになる
よし、マスターしたぞ！
レシピなしでも作れる！
3 アレンジ料理に発展していく
納豆チャーハンって美味しい！
キムチも入れるともっと美味しい！

34

すぐやる人は 記録を大切にする。

やれない人は 記憶に頼る。

「すぐやる」パワーを身につけるために進捗を管理する

私たちは自分の欲求と現実のギャップを、自分に都合のいい理屈で埋め合わせしようとします。プライドを守るために、現実を都合のいいように歪めて認識してしまうクセがあるのです。

このメカニズムがあるからこそ、辛かったことや悔しかったことに気持ちの整理をつけて、気持ちを切り替えることもできます。

しかし一方で、その歪められた現実は記憶の中でも歪んだままなのですが、自分の中では「そういうもの」として歪んだまま記憶に定着してしまいます。

たとえば、クレジットカードの請求を見て「こんなにも使ってたっけ?」と、びっくりしたことがある人は少なくないでしょう。

人の記憶というものは本当に曖昧で、自分には甘いほうへ歪めてしまうものなのです。そして、現実に気づいたときにそのギャップにびっくりしてしまいます。

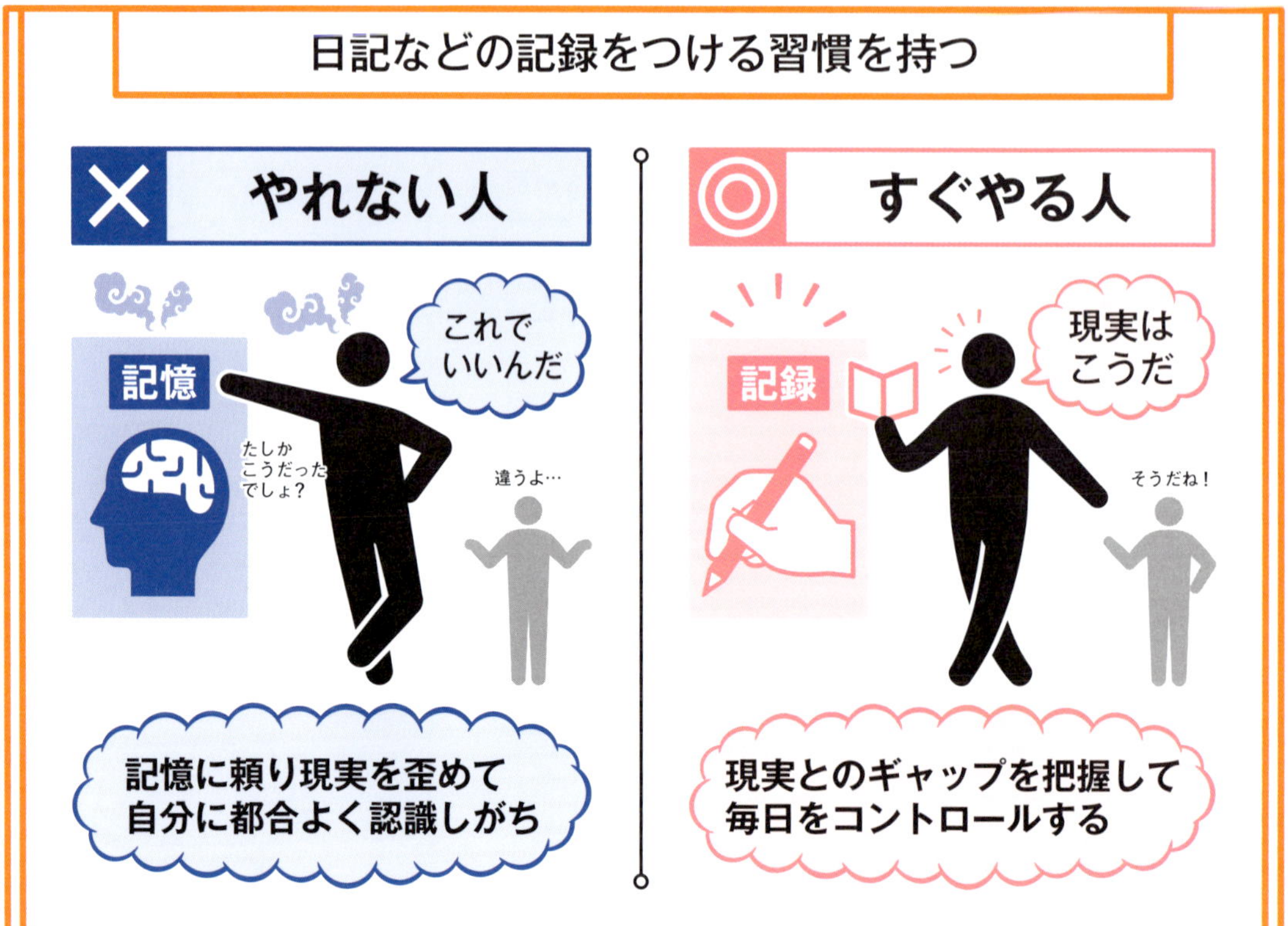
日記などの記録をつける習慣を持つ
やれない人
記憶
これでいいんだ
たしかこうだったでしょ?
違うよ…
記憶に頼り現実を歪めて自分に都合よく認識しがち
すぐやる人
記録
現実はこうだ
そうだね!
現実とのギャップを把握して毎日をコントロールする

記録はモチベーションの土台となる

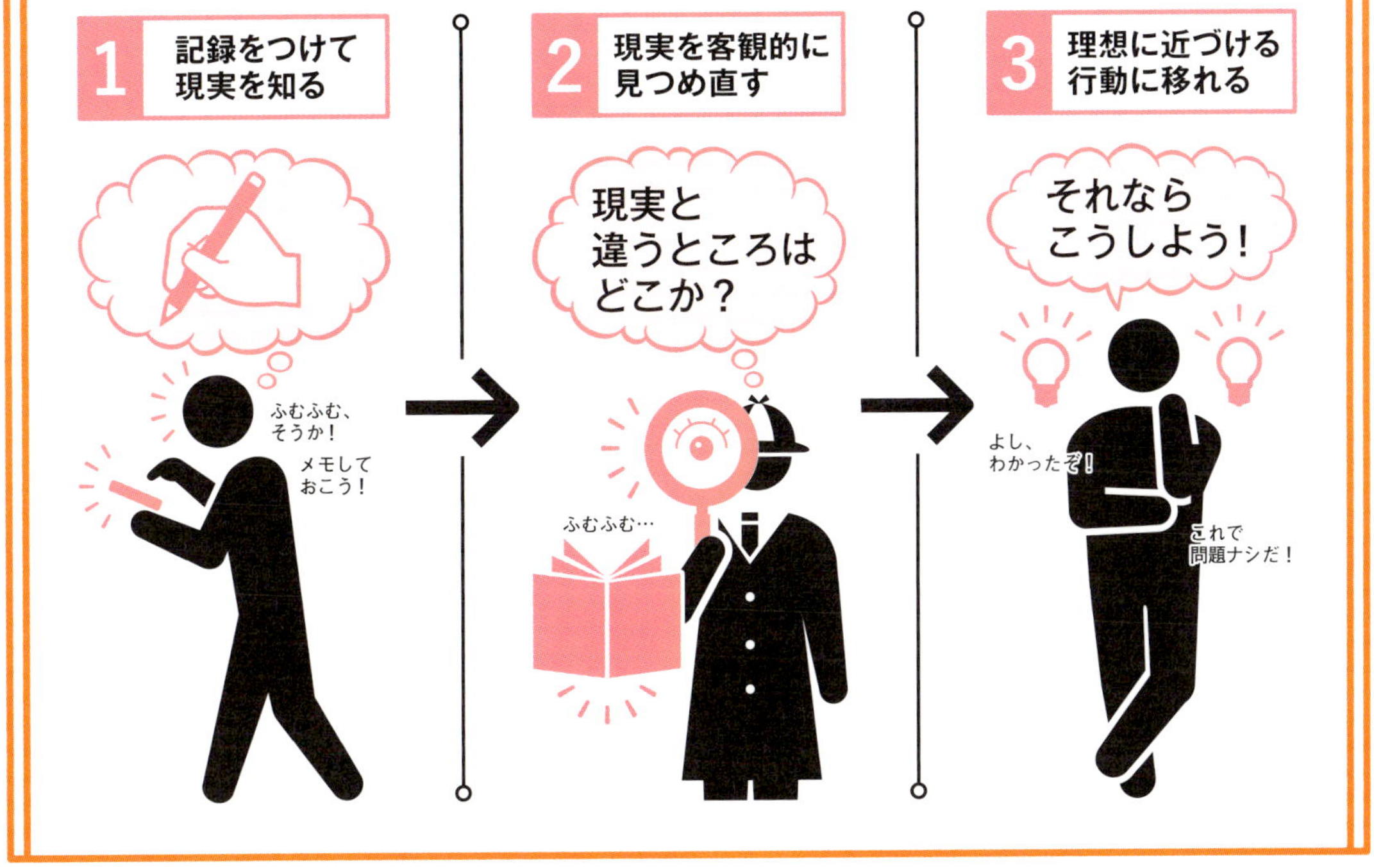

一方、「すぐやる」パワーを身につけるためにできることの1つは、進捗を管理することです。理想と現実のギャップをできるかぎり正確に把握し、毎日をコントロールしている感覚を手に入れるために、**「すぐやる人」たちはこぞって日記などの記録をつける習慣を持っています。**

記録することは現実を客観的に見つめ直すチャンス

現実と毎日向き合う習慣を持っていないと、気づいた頃には現実と理想のギャップが拡大しすぎて修正できない、どうしていいかわからないという事態を招きかねません。

「すぐやる人」たちは、記録を明日へのモチベーションの土台としています。

私は記録用にA6サイズの小さなノートを使っていますが、メモ帳やアプリでもなんでもいいので、ちょっとしたことを記録していく習慣をつけてみませんか。

記録することは、現実を客観的に見つめ直す絶好のチャンスであり、次の行動へのステップとなるはずです。

すぐやるための 3 POINT

1. 人の記憶は曖昧。自分に甘いほうへ歪めてしまう
2. 理想と現実のギャップを埋めるために、記録をつける習慣を持つ
3. 記録することは次の行動へのステップとなる

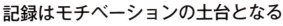

35

すぐやる人は アウトプットで頭を磨く。

やれない人は インプットマニア。

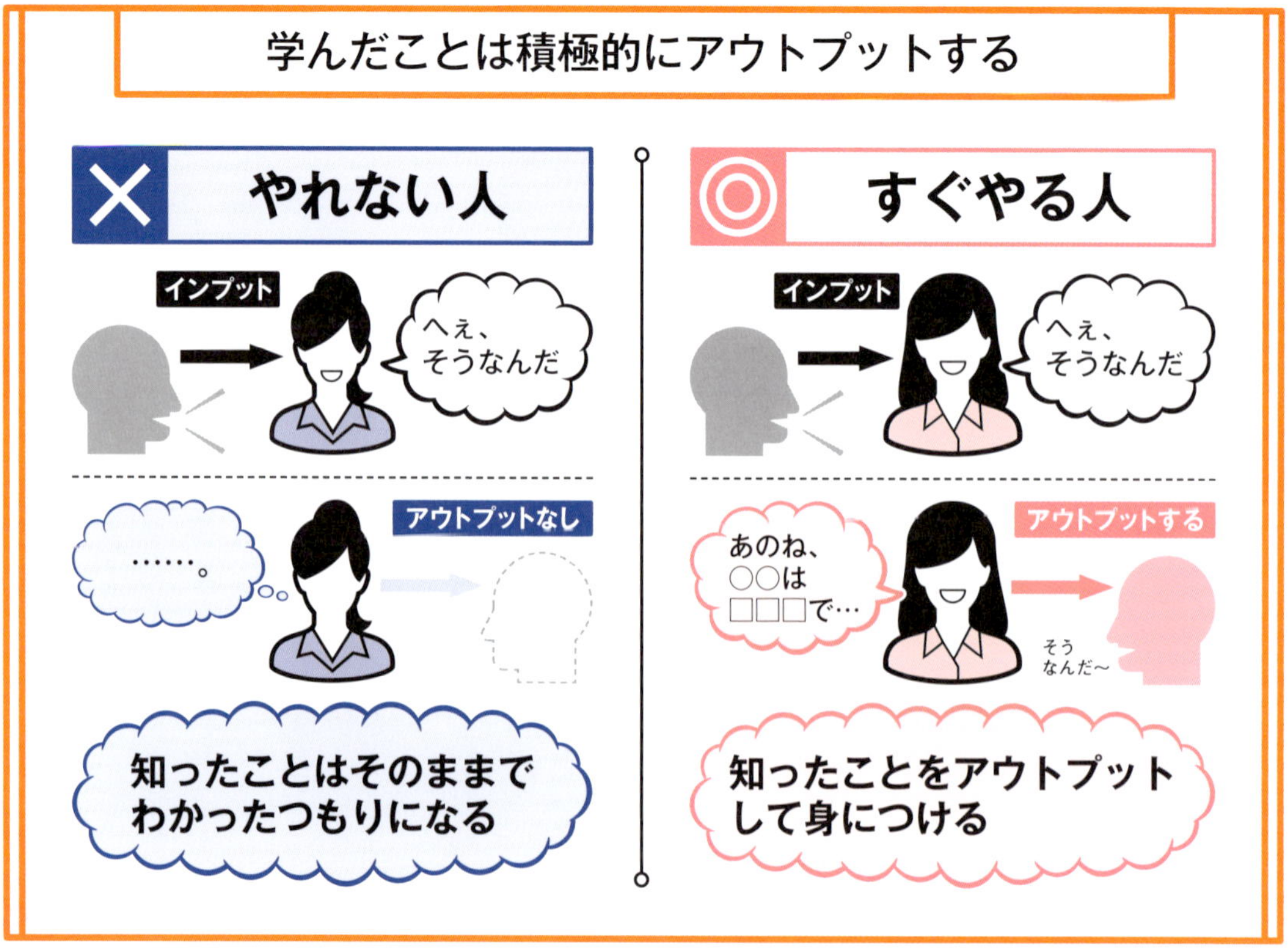
学んだことは積極的にアウトプットする
やれない人
インプット
へえ、そうなんだ
……。
アウトプットなし
知ったことはそのままでわかったつもりになる
すぐやる人
インプット
へえ、そうなんだ
あのね、○○は□□□で…
アウトプットする
そうなんだ〜
知ったことをアウトプットして身につける

頭で理解したことと実践できることには、大きな差がある

「すぐやる人」は積極的にアウトプットします。**知り得た情報や知識をアウトプットすることで学びの質が高まるだけでなく、さらなる学びを生み出せる**からです。

頭で理解したことと実践できることとの間には大きな差があります。私は今、大学で講義をする機会があります。多くの学生が首を縦に振りながら私の講義を聞き、幸いなことに「すごくわかりやすい説明でした」と言ってもらえることがよくあります。

ただ、私の講義の目的は講義を聞いた学生がスキルを身につけ、自分でもできるようになる実力を身につけてもらうことです。だから、必ず手を動かし、学んだことをアウトプットしてもらいます。

すると、理解していたつもりになっていたことがどんどん見つかります。わかったつもりのままで放っておいたらどうなるのかを考えるだけでも、ゾッとしてしまいます。

入手した情報や学んだことは、受け身のままで終わらせるのではなく、積極的にアウトプットしてこそ身につきます。特定の誰かに教える必要は必ずしもないので、今だったらSNSなどで情報を発信するのでもいいでしょう。

人間の脳は、重要なものだけが残るように働く

アウトプットしようとすると頭の中を整理しなければならなくなり、疑問点とも向き合わないといけなくなります。場合によっては、その知識は役に立たないという結論にいたるかもしれません。

しかし、人間の脳のいい点は、吸収したものを絞り出したら、知識や情報が整理されて重要なものだけが残るように、働いてくれることです。

興味のある分野、得意な分野でいいので、情報や知識を誰かに伝えたりシェアするなど、アウトプットする習慣を持ちましょう。それだけで、あなたに飛び込んでくる情報が変わり、学びが深くなります。**アウトプットすれば、インプットの質も高まる**のです。

必見！お役立ち COLUMN

「すぐやる人」は赤ペンを持って読書する

本を読むことはインプットですが、「すぐやる人」は読書するときにも、アウトプットを意識しています。そのために、赤ペンを持って、自分だったらどうすればいいかを考えながら、メモ帳も用意して、ときには直接本に書き込みながら読みます。

情報をどのように生活や仕事に活かすのかを赤ペンを使って行動ベースで書き込んでいく習慣をつければ、今以上に読書が効果を発揮することでしょう。

アウトプットすることの効用

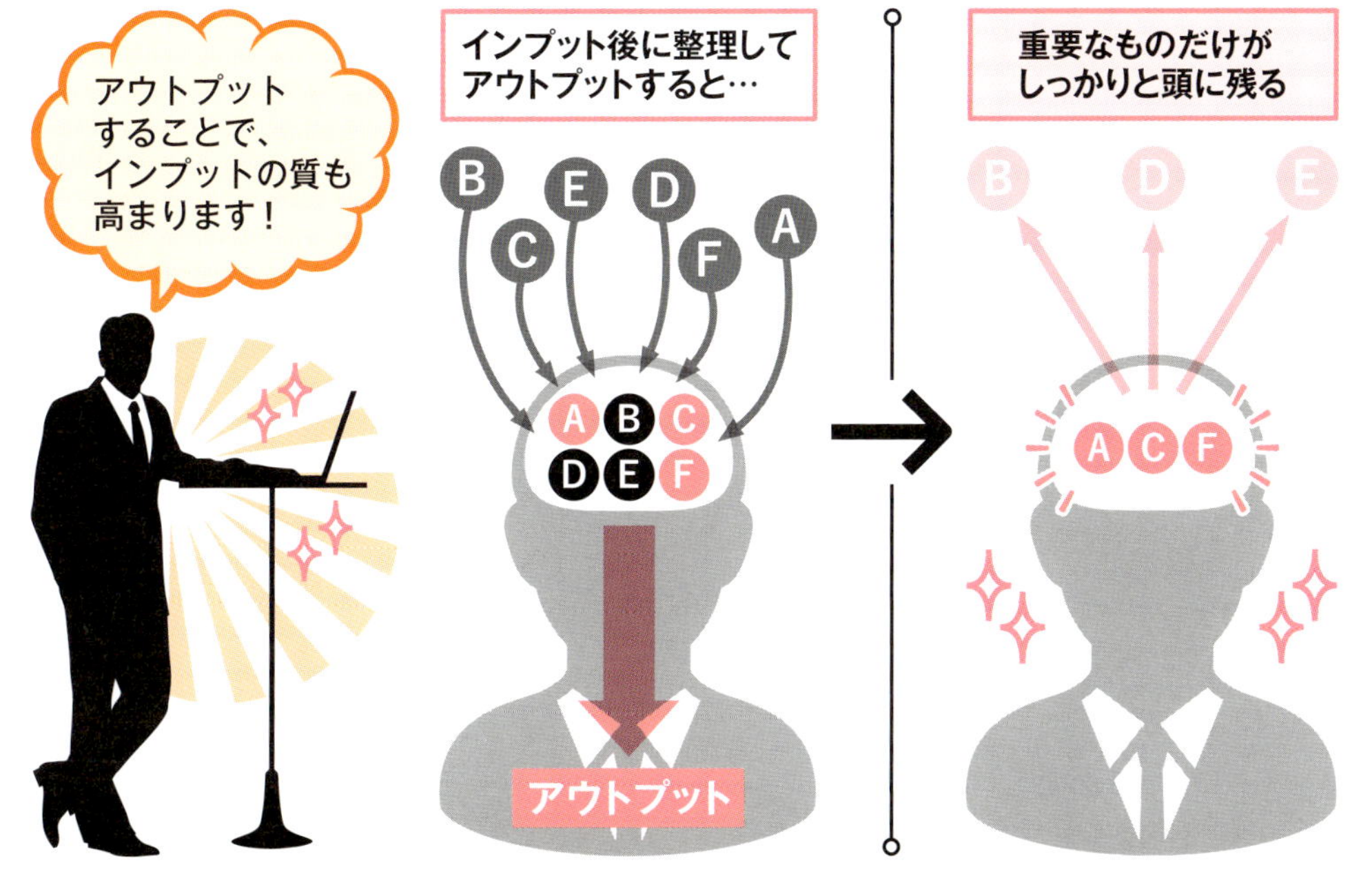
アウトプットすることで、インプットの質も高まります！
インプット後に整理してアウトプットすると…
B C E D F A
A B C D E F
アウトプット
重要なものだけがしっかりと頭に残る
B D E
A C F

36

すぐやる人は 復習で記憶を味方につける。

やれない人は 超人的な記憶に挑む。

人間の脳は忘れるようにできている

あなたは暗記が得意ですか？

勉強でも仕事でも、暗記をしなければならないことはたくさんあります。もちろん一度ですべての情報をインプットできるならば楽ですが、実際は人間の脳は忘れるようにできているものなのです。

「すぐやる人」は回数をこなすことで、覚えるべきことは覚えてしまう、ということを知っているので、1回目は軽い気持ちで取り組みます。「やれない人」のように「覚えられなかったらどうしよう」とか「覚えられるか自信がない」などということをいちいち考えず、とりあえずやります。そして、復習を徹底します。

「覚えないといけない」と自分を追い込んでも効果は知れています。**私たちの脳は、繰り返したものを重要だと認識して記憶に定着するようにできている**からです。

「すぐやる人」は忘れることを大前提にしているのです。

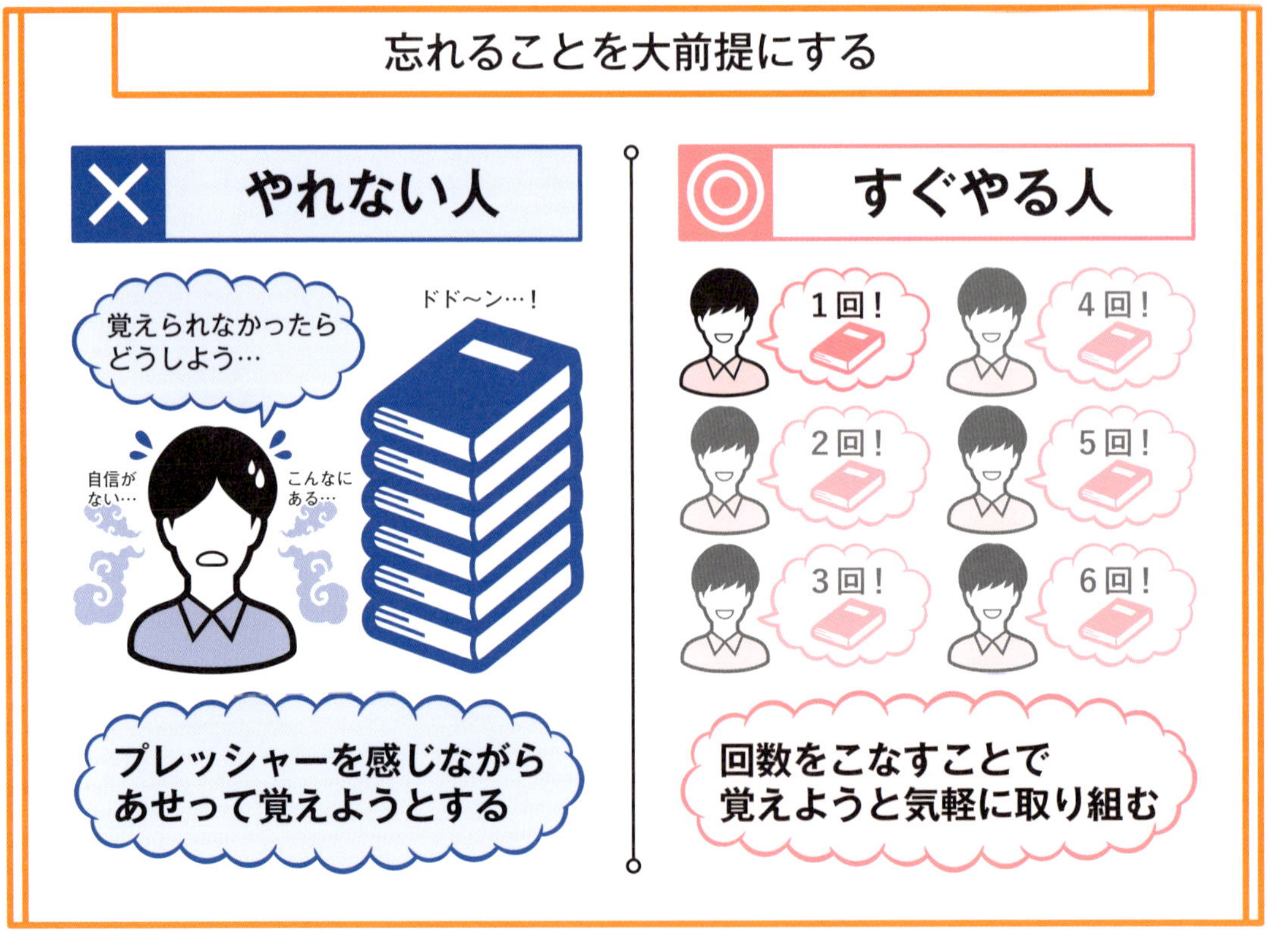
忘れることを大前提にする
やれない人
覚えられなかったらどうしよう…
ドドーン…！
自信がない…
こんなにある…
プレッシャーを感じながらあせって覚えようとする
すぐやる人
1回！
2回！
3回！
4回！
5回！
6回！
回数をこなすことで覚えようと気軽に取り組む

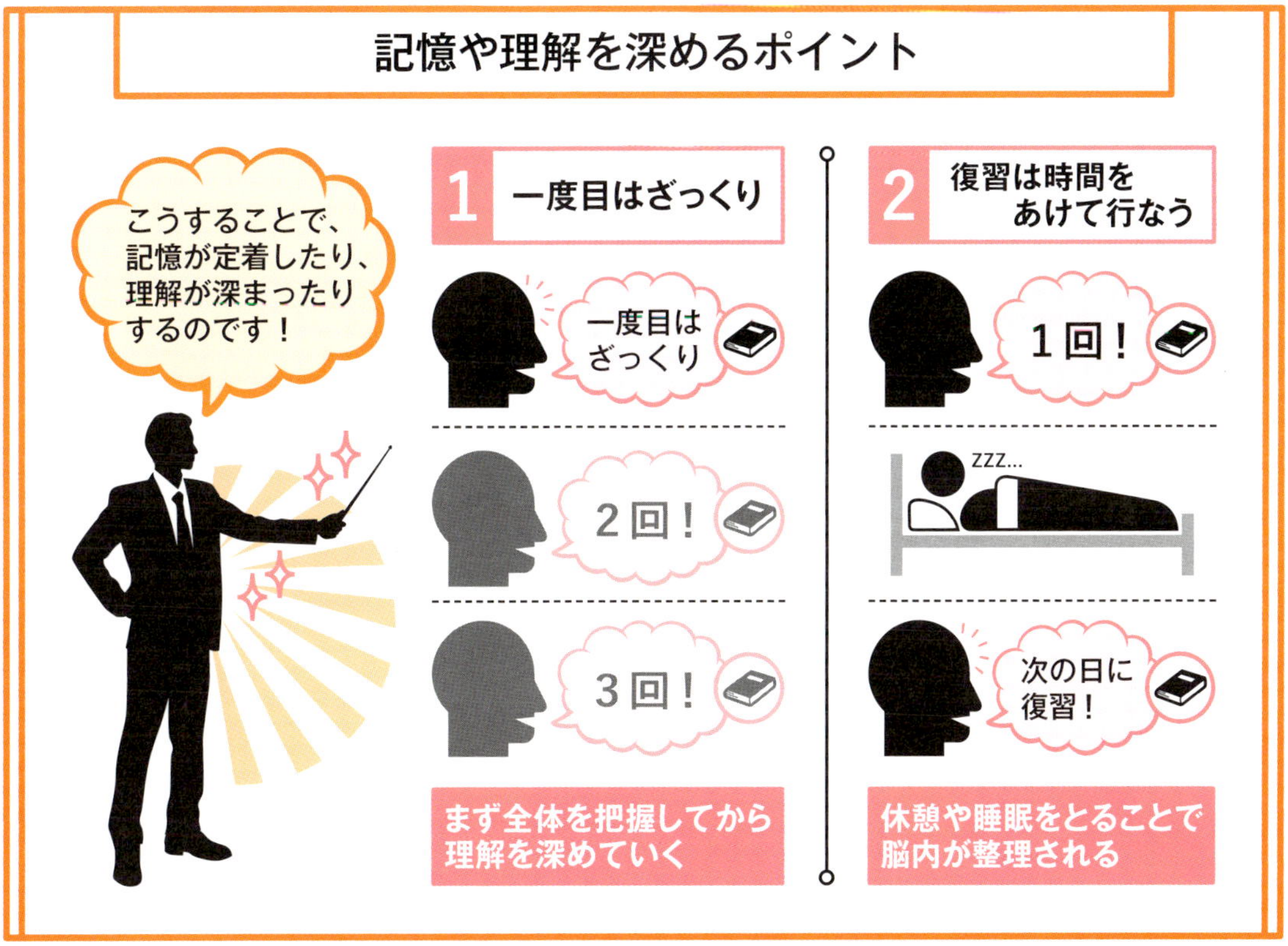
記憶や理解を深めるポイント
こうすることで、記憶が定着したり、理解が深まったりするのです！
1 一度目はざっくり
一度目はざっくり
2回！
3回！
まず全体を把握してから理解を深めていく
2 復習は時間をあけて行なう
1回！
ZZZ...
次の日に復習！
休憩や睡眠をとることで脳内が整理される

暗記にせよ、新しい情報の理解にせよ、復習は少し時間をあける

これは何も暗記に限った話ではありません。新しいことにチャレンジするときは、マニュアルを読んだり、専門書を読んだりすることがあるでしょう。新しい情報があまりにも多すぎると、一度で理解することは難しいものです。

そのようなときも、「すぐやる人」は、一度目はざっくりと読みます。全体の構成や流れをまずつかむため、とりあえず前に進めます。そして**2回、3回と読み直すことで、理解を深めていけばいい**と考えているのです。

もう1つのポイントは、暗記にせよ、新しい情報の理解にせよ、復習は少し時間をあけるということです。**同じ日にどんどん詰め込んでいくよりも、復習するならば次の日のほうがいい**のです。

「レミニセンス現象」という言葉が心理学にはあるのですが、一定時間の休憩や睡眠をとることで脳内が整理され、記憶を呼び起こすための障害となる集中力の低下などを解消することができるのです。結果的に、記憶が定着したり、理解が深まったりします。

すぐやるための 3 POINT

1. 「すぐやる人」は回数をこなして、覚えるべきことは覚えてしまう
2. まず全体をつかんでから、2回、3回と読み直す
3. 復習は翌日など、少し時間をあけて行なうようにする

37

すぐやる人は 定期的にアップデートする。

やれない人は 時の流れに不満を言う。

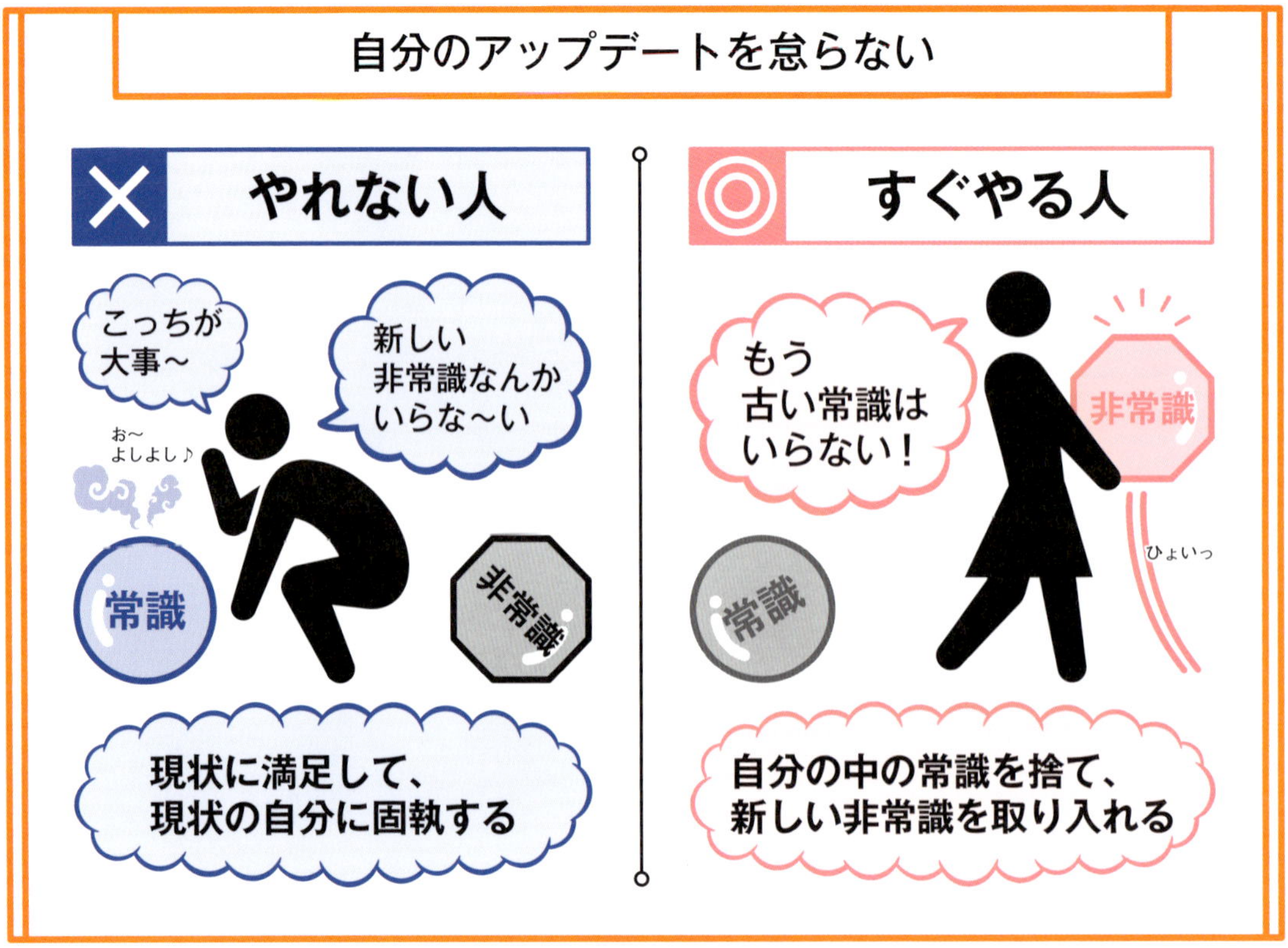
自分のアップデートを怠らない
やれない人
こっちが大事～
新しい非常識なんかいらな～い
お～よしよし♪
常識
非常識
現状に満足して、現状の自分に固執する
すぐやる人
もう古い常識はいらない！
非常識
ひょいっ
常識
自分の中の常識を捨て、新しい非常識を取り入れる

これまでの常識に捉われていては時代に置いていかれる

今、私たちは変化の激しい時代を生きています。変化が激しいということは、今までと同じ考え方や同じやり方はすぐに通用しなくなるということです。武器だと思っていたものの賞味期限はどんどん短くなり、武器ではなくなってしまう日が次々と訪れます。

毎日見ている景色は氷山の一角でしかなくて、私たちの目が届かない水面下でたくさんのことが進行していきます。だから常に、非常識を自分の中に取り入れる準備をしておかなければなりません。

これまでの常識に捉われていては時代に置いていかれます。だから、「すぐやる人」は常に自分をアップデートすることを怠りません。**自分の中の常識を捨て、新しい非常識を取り入れていく**のです。

一方で「やれない人」は現状に満足してしまって、現状の自分に固執してしまいます。そして変化する社会を嘆きます。

アップデートすることで、新しい価値を社会に提供できる

「すぐやる人」は自分を常にアップデートするために、まず一次情報に触れることにこだわります。フットワークを軽くして自分が体験するということです。

そして、人に会って、人はどのようなことを日々感じ、考えているのか、どのようなことに喜びを感じ、どのようなことに不満を抱えているのかを知ります。

すると、自分にとっての当たり前は、あくまでも自分のものでしかなくて、**それぞれ違った当たり前を持っていることに気づくことで新しいアイデアが湧いてきます。**

常にアップデートすることで、新しい価値を社会に提供することができ、人の役に立てていると感じることは、心の安定と自信を与えてくれます。

学ぶことは本来楽しいものですが、学んだことが人の役に立つということは、さらに幸せなことなのです。

だから、**「すぐやる人」は絶えず学び、自分をアップデートすることで周りに貢献し、それによって生きる喜びを感じているのです。**

必見！お役立ち COLUMN

垣根を越えて、人と積極的に話してみよう

自分をアップデートするために効果的なのは、人に会うことです。人は人から大きな影響を受けます。異なる業界で働く人や、異なる関心を持っている人、異なる環境で育った人と、年齢やバックグラウンドの垣根を越えて積極的に話をしてみると、思わぬ発見があったり、新たな興味が芽生えたりします。

だから今でも、私は最低でも週1回は必ず、様々な人と会う時間を確保しています。

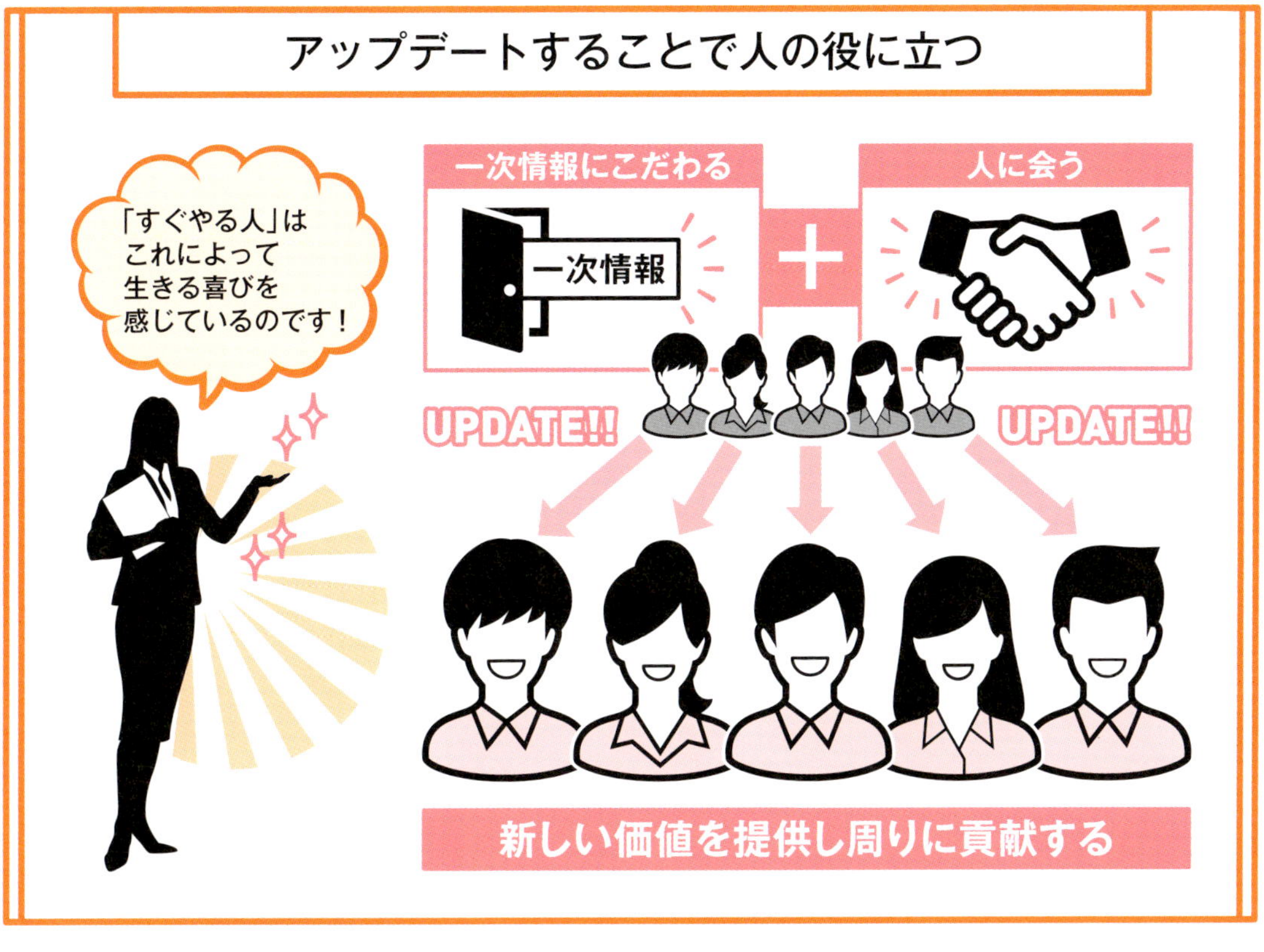
アップデートすることで人の役に立つ
「すぐやる人」は
これによって
生きる喜びを
感じているのです！
一次情報にこだわる
一次情報
人に会う
UPDATE!!
UPDATE!!
新しい価値を提供し周りに貢献する

CHAPTER 07

行動編

復習問題

次の□に当てはまる言葉は、A、Bのどちらか？

Q1

すぐやる人は

最初に「□」を習得することに力を注ぐ！

A いい型

B オリジナル

Q2

すぐやる人は

今の□し、次の行動のステップにしている！

A 自分を記憶

B 自分の記録を

Q3

すぐやる人は

どんな小さなことでも□をする！

A アウトプット

B インプット

Q4

すぐやる人は

□が当たり前と知っていて、繰り返して身につける！

A 暗記すること

B 忘れること

Q5

すぐやる人は

□にとらわれず、□も取り入れようとする！

A 変化／スキル

B 常識／非常識

解答：Q1／A　Q2／B　Q3／A　Q4／B　Q5／B

その小さな小さな一歩が、あなたの人生に大きな変化をもたらす。

「過去も未来も存在せず、あるのは現在という瞬間だけだ」

と言ったのは、あのトルストイです。

まず、現在というあなたの貴重な瞬間を、本書のために使っていただいたことに感謝いたします。

それと同時に、おそらくあなたは「すぐやる」習慣について知り、身につけることの必要性に気づかれているからこそ、本書を読んでいただいたのだと思います。

「すぐやる」ということは、結局は時間と行動の関係性の話です。**「人や状況に追われて過ごしている時間」ではなく、「自分の意思で動いている時間」を増やしていく**ことこそが、人生を充実させるためには不可欠です。それはまさに「時間を制するものは、人生を制す」なのです。

そのための最強メソッドが「すぐやる」ことです。それは、とてもシンプルだけど難しいことです。

なぜなら、私もかつては「明日がある」という思い込みによって先延ばしを繰り返していたからです。そのときには「今度」や「そのうち」という言葉が口癖のようになっていたのです。そして、結局は何もやらない自分に自信をなくしてしまっていました。

自信を取り戻すことは考えることではありませんでした。待つことでもありませんでした。

「今、自分にできることに集中すること」、これ以外に方法はありません。

冒頭で、「すぐやる」公式は、意志×環境×感情、であるとお伝えしました。

中でも、意志力をいきなり明日から2倍にすることは難しいですよね。しかし、それぞれを今よりも少し改善してみましょう。

20%頑張って1を1・2にすれば、1・2×1・2×1・2＝1・728になります。約2倍の行動力を手にすることができます。

行動力というのは、行動によってより向上するものです。スパイラル状にぐるぐると大きな円を描いて、どんどんその円は大きくなっていきます。

そして、時間や行動をコントロールできている感覚がより強い意志力を私たちに与えてくれ、気持ちも乗ってくるものなのです。

最後に質問をさせてください。

「あなたは本書を読むだけで終わりますか？　それとも本書を閉じた瞬間から何かを始めますか？」

その違いこそが「すぐやる人」と「やれない人」の38番目の習慣の違いなのかもしれません。

ぜひ、まずひとつ、どれでもかまいません。

今日よりも輝く明日を手に入れるために、今、この瞬間にできることは何でしょうか。

その小さな小さな一歩が、やがて大きな変化をあなたの人生にもたらしてくれるに違いありません。

あなたのこれからが今以上に充実したものになることを心から願っております。

PROFILE
著者略歴

The Habits of Proactive People & Procrastinators

塚本 亮（つかもと りょう）

1984年、京都生まれ。同志社大学卒業後、ケンブリッジ大学大学院修士課程修了（専攻は心理学）。

偏差値30台、退学寸前の問題児から一念発起して、同志社大学経済学部に現役合格。その後ケンブリッジ大学で心理学を学び、帰国後、京都にてグローバルリーダー育成を専門とした「ジーエルアカデミア」を設立。

心理学に基づいた指導法が注目され、国内外から指導依頼が殺到。学生から社会人までのべ150人以上の日本人をケンブリッジ大学、ロンドン大学をはじめとする海外のトップ大学・大学院に合格させている。また、通訳及び翻訳家としても活躍している。

著書に『偏差値30でもケンブリッジ卒の人生を変える勉強』（あさ出版）、『努力が勝手に続いてしまう。』（ダイヤモンド社）、『英語、これでダメならやめちゃいな。』（かんき出版）、『「すぐやる人」と「やれない人」の習慣』『「すぐやる人」のノート術』（共に明日香出版社）などがある。


〈図解〉「すぐやる人」と「やれない人」の習慣

2018年 10月 17日　初版発行
2022年 12月 12日　第 74 刷発行

著　　者　塚本亮
発 行 者　石野栄一
発 行 所　明日香出版社
〒112-0005　東京都文京区水道 2-11-5
電話　03-5395-7650（代表）
https://www.asuka-g.co.jp

印刷・製本　株式会社フクイン

 ISBN 978-4-7569-1996-0